U0870042

英语教育教学理论研究与方法创新

唐雯谦◎著

文化发展出版社
Cultural Development Press
·北京·

图书在版编目（CIP）数据

英语教育教学理论研究与方法创新 / 唐雯谦著．—
北京 ：文化发展出版社，2023.12
ISBN 978-7-5142-4232-4

Ⅰ．①英… Ⅱ．①唐… Ⅲ．①英语－教学研究 Ⅳ．
① H319.3

中国国家版本馆 CIP 数据核字 (2024) 第 016007 号

英语教育教学理论研究与方法创新

唐雯谦 著

出 版 人：宋 娜
责任编辑：任秀颖　　　　责任校对：岳智勇
责任印制：邓辉明　　　　封面设计：张秋艳
出版发行：文化发展出版社（北京市翠微路 2 号 邮编：100036）
网　　址：www.wenhuafazhan.com
经　　销：全国新华书店
印　　刷：天津和萱印刷有限公司

开　　本：710mm × 1000mm 1/16
字　　数：200 千字
印　　张：10.5
版　　次：2024 年 6 月第 1 版
印　　次：2024 年 6 月第 1 次印刷

定　　价：72.00 元
I S B N：978-7-5142-4232-4

◆ **如有印装质量问题，请电话联系：010-58484999**

前言

伴随着经济全球化的发展，世界各国之间的联系日益密切，英语已经成为一门通用的国际性语言，在世界舞台上扮演着越来越重要的角色。世界各国为了促进自身政治、经济、科学、技术、文化的发展，都在开展对外交流活动，中国亦是如此。同时，改革开放的深入和对外交流的发展使得国内各个行业对综合型英语人才的需求日益增加，英语教育教学受到了社会、学校、家庭、个人等各个层面的重视。

自新一轮大学英语教学改革以来，我国英语教学成果显著——创新的多媒体网络教学模式探索、丰富多样的教学方法研究、成果丰硕的教材建设等。这些成果既是广大英语教师呕心沥血奋斗的结果，也是高等教育主管部门大力支持的结晶。英语教学法也伴随着时代的进步进行变革。英语作为一个发展中的、多边缘的学科，虽力量稍显薄弱，但后期发展潜力巨大，且易于实践。为了完善有中国特色的英语教学体系，我们仍需对现代的英语教学进行多维的研究与探索。

英语课程改革的核心在于改变过度强调语法和词汇知识的传授方式，重视培养学生对语言的实际应用能力，特别是要想方设法提高学生的学习兴趣；从学生的实际英语认知水平以及这个年龄阶段的生活经验出发，寻找更适合学生个体的教学方式，通过体验教学法、合作教学法、交流教学法和任务教学法等，提高学生的课堂参与度，提升他们的语言综合运用能力。让语言学习不再是枯燥的灌输式学习，通过提高学生兴趣，帮助学生养成主动性的思维模式，培养他们大胆实践的能力，使他们形成积极、主动的英语学习习惯。

本书主要以大学英语为例，针对英语教育教学理论和方法创新进行研究，全书共五章。第一章为英语教育概述，包括英语教育的内涵、英语教育的发展历程和现状、英语教育不同学科角度的理论基础三方面内容。第二章为英语教学的概况，分别介绍了英语教学的要求、英语教学的原则、英语教学的评价。第三章是英语知识与技能教学探索，具体介绍了英语词汇和语法教学探索、英语听力和口语教学探索、英语阅读和写作教学探索、英语翻译教学探索。第四章为现代英语教学的方法与模式创新，包括英语教学的方法与应用创新、英语教学的模式与应用创新。第五章为信息化时代英语教育教学的改革创新，依次阐述了基于大数据驱动的英语教师专业发展、MOOCs模式在英语教学上的应用、信息化英语教学平台的建设三方面内容。

在撰写本书的过程中，作者得到了许多专家学者的帮助和指导，参考了大量的学术文献，在此表示真诚的感谢。本书内容系统全面，论述条理清晰、深入浅出，但由于作者水平有限，书中难免会有疏漏之处，希望广大同行及时指正。

唐雯谦

2023年5月

目 录

第一章　英语教育概述 ………… 1
第一节　英语教育的内涵 ………… 1
第二节　英语教育的发展历程和现状 ………… 4
第三节　英语教育不同学科角度的理论基础 ………… 11

第二章　英语教学的概况 ………… 32
第一节　英语教学的要求 ………… 32
第二节　英语教学的原则 ………… 36
第三节　英语教学的评价 ………… 46

第三章　英语知识与技能教学探索 ………… 55
第一节　英语词汇和语法教学探索 ………… 55
第二节　英语听力和口语教学探索 ………… 71
第三节　英语阅读和写作教学探索 ………… 84
第四节　英语翻译教学探索 ………… 96

第四章　现代英语教学的方法与模式创新 ………… 102
第一节　英语教学的方法与应用创新 ………… 102
第二节　英语教学的模式与应用创新 ………… 123

第五章 信息化时代英语教育教学的改革创新……138
第一节 基于大数据驱动的英语教师专业发展……138
第二节 MOOCs模式在英语教学上的应用……146
第三节 信息化英语教学平台的建设……155

参考文献……161

第一章　英语教育概述

英语教育是我国各个层次教育的重要组成部分。21 世纪的英语教育改革，最根本的目的是要造就基础扎实、知识面广、思路开阔、有良好身心素质、对社会发展有较强适应能力的“通”“专”结合的人才。本章对英语教育的内涵、发展历程和现状、不同学科角度的理论基础进行系统阐述。

第一节　英语教育的内涵

一、教育的内涵

在教育学的范畴中，教育是一个比较复杂的概念。究其原因，教育对于教师而言是一种教育活动，但对于学生而言是一种学习活动。所以，教育既是教师教的过程，也是学生学的过程。在这样一个师生互动的过程中，学生在教师引导下不仅能掌握知识与技能，还能获得能力、情感、态度及价值观等方面的成长，即学生在学习过程中得到了全面发展。可见，作为教与学的有机统一体，教育过程需要教师有计划地教与学生积极地学，这与师生的共同参与密不可分。需要注意的是学生在这一过程中居于主导地位，教师需要对这一活动进行有效引导。

学校教育是教育中最重要的教育活动形式，具有较强的目的性。此外，知识与技能的传递是教育活动的主要任务，这些传递的内容具体表现为课程内容与教育内容。从总体层面来分析，教育活动的计划性、系统性较强，因此常采取课程计划、教育计划的形式。一般来说，教育行政机构负责课程计划与教育计划的制订。在某些情况下，课程计划与教育计划也可由教师或学校自行制订。

二、语言教育的分类

语言教育是教育工作的重要组成部分，其根本目的是帮助学习者掌握一门具体的语言并应用于具体交际活动中。一般来说，语言教育主要包括以下两种。

（一）本族语教育

本族语教育，即第一语言教育。学者对第一语言教育的内容具有不同的看法。一些学者认为，语言教育是一种有计划、有目的、有特定方法的教育活动，但儿童对第一语言的习得活动不具备这种特性，因此儿童的第一语言习得活动不属于语言教育的范畴。但在另一些学者看来，儿童第一语言的习得活动属于语言教育的范畴。

（二）外语教育

外语教育，即第二语言教育。第二语言教育主要指对外国语言的教育，既包括我国对英语等外语的教育，也包括我国对外国学生进行的汉语教育。第二语言教育是对第一语言能力的一种扩大，是在第一语言教育的基础上进行的。

除第一语言教育与第二语言教育之外，语言教育还包括双语教育和多语教育。

语言教育有其独立的理论体系，是一门独立的学科。但是，语言教育不仅仅局限于语言教育活动，它还对语言教育的原则、方法等理论进行研究。此外，语言教育的开展离不开相关理论的支持，如应用语言学、教育学、心理学、教育技术学、学科教育论等。

三、英语教育的本质属性

英语教育不仅属于一种语言教育，还属于一种文化教育。

（一）英语教育是一种语言教育

英语教育属于一种语言教育。英语是国际性的交际语言，英语教育必然属于语言类的教育。开展英语教育的目的在于培养学生的语言运用能力。对于中国学生而言，作为第二语言的英语本身是一门外语，英语教育也是外语教育。就人类外语教育的历史发展而言，外语教育与外语知识教育密切相关，以外语知识作为基础而展开教育，有助于学生培养自身的外语运用能力。

需要指明的是，那些对语言知识学习展开的研究类的语言教育并不是建立在语言运用的基础上的，因此对这类教育并不属于语言教育的内容，如对古汉语展开的研究、对古希腊语展开的研究等。这些语言在当今社会上并未被使用，因此需要将这种研究与语言教育区分开。

（二）英语教育是一种文化教育

英语教育属于一种文化教育。众所周知，语言与文化有着密切的关系。二者的关系反映在英语教育中就意味着必然需要展开文化教育。具体而言，需要学生对基本的语言知识及相关文化有所掌握，同时需要学生锻炼自身的语言思维，便于以后在生活和工作中能够恰当地运用英语这门语言。

四、大学英语教育的概念界定

对于中国学生而言，英语属于外语，因此如果缺乏语言运用的环境，缺乏语言使用对象，那么大学英语教育必然会走入困境。大学英语教育对于语言的掌握水平与应用水平都有着较高要求，这从对大学英语教育的概念界定中可以体现出来。

从教育学的角度来说，大学英语教育是教育活动的一种。对于教师来说，教育主要是引导学生进行学习；而对于学生来说，教育是在教师的指引下进行学习。学生能否促进自身的发展是教育目标能否实现的标准。可见，教育是教师与学生的互动过程，教师负责教，学生负责学，共同实现教育目标。

关于大学英语教育的界定，可以从如下三点来理解。

（一）有目的的活动

教育的阶段不同，英语教育的目标也不相同。如果是中小学阶段的学生，他们的英语学习主要学习词汇、语法、听力、阅读等基础知识；到了大学阶段，他们需要掌握听、说、读、写、译的技能，并将这些技能与文化相结合，从而把英语知识运用到日常生活与工作中。

（二）具有系统性与计划性

大学英语教育具有系统性与计划性。说其具有系统性，是指大学英语教学是一项系统工程，需要英语教师切合实际抓好从中学生到大学生过渡、提高的整个教学过程。说其具有计划性，是指对英语知识展开具有计划性，如按照语音，词汇、语法、听力、口语、阅读、写作、翻译等知识与技能的先后顺序有计划地传递教育知识。

（三）需要采取和运用合理的教育方法与技术

大学英语教育需要采取和运用合理的教育方法与教育技术。随着英语教育的发展与进步，很多教育方法应运而生。再加上现代科技的辅助，尤其是网络多媒体的发展，使得大学英语教育更具有互动性、灵活性，并且教育效果明显改善。

综上所述，作者认为可以将大学英语教育的概念总结为教师从教育目标与教育内容出发，在系统性、计划性教育过程中，采用一些技术手段，以传授英语知识，并让学生掌握英语技能，促进学生整体英语素质的提升。

第二节　英语教育的发展历程和现状

一、国外英语教育的发展

（一）日本的英语教育

日本作为东亚地区的一个岛国。日本是一个好胜的民族，它从诞生之日起就不断地为争取成为世界上的一个强国而努力。善于向强国学习，接受外来先进文化是日本的一个重要特点。起初，日本以当时在全球居于领先地位的中国作为学习对象，向中国学习优秀文化，与本民族的特点相结合，从而使日本迅速发展起来。

但它并不满足于现状，当它认识到封建制度的腐朽，认识到中国的逐渐落后，就开始学习西方国家，追求更大的进步。于是，日本统治者从上层开始实行改革，并取得了成功。这就是 1868 年的明治维新。

建立资本主义的国家制度是明治维新的一项重要内容。另外，学习西方文化，在科技方面取得进步也是重要目标。因而，英语教育的重要地位也就确立了。

日本的英语教育并非发端于明治维新，早在 1808 年“法顿号”事件发生后，日本德川幕府就下令“向荷兰人学习英语”，目的是巩固国防，但是真正意义上的英语教育是从“明治维新”之前开始的。当时，全国各地成立了很多“官立”和“私立”的英语学校，英语教学的目的渐渐变为积极吸收外国文化。明治维新后，日本政府制定了新学制，新建了不少外语学校，同时在普通学校里设立了外语课程。这段时期，为了大量吸收西方文化的精髓，政府聘请了大量外国人讲授自然科学及人文科学课程，教材也以原版为主。这样，就为英语学校提供了较好的语言环境，有利于培养语言交际能力，为日本造就了一大批外语人才。可以说，明治时代是日本无条件吸收西方文化的时代。

第二次世界大战结束以后，日本的英语教学目的又发生了变化，转向培养理解英语、运用英语表述自己的基本能力，增强对语言的兴趣，使学生了解外国人的生活和想法。这时，学习英语的目的不再只是吸收西方文化，而是把英语作为日本人理解西方文化，进行国际交流或教育的一种手段。同时，教学政策也有所转变，不再大量聘请外国人任教，从而削弱了英语教学中的几个重要环节。这一时期的日本英语教育不注重培养学生运用英语的语言实践能力，而把重点置于“读解”或“理解”上，以语法教学为主，主要为学生的理解扫除障碍。这时的教材也不重视新句型和练习。因而，这一时期的日本学生理解英语的水平很高，可是实际运用能力很差，几乎不能听、不会说，水平较高的学校也不能用英语直接进行教学。

近年来，日本的一些教育机构开始认识到前几十年英语教育的缺点，并采取了一系列措施改变这种状况。

（二）苏联的英语教育

20 世纪初期，苏联开始在各类学校开设英语课，主要采用视听法进行教学。利用唱片，录音带、幻灯片、影片等帮助学习者掌握正确的发音，提高会话和理解语言的能力，后来还开设了电视课。

“语言柜”是苏联英语教育的特色。在各个学校的语言室里都有大量的录音带和唱片供英语学习者使用，还可以在家中设置语言柜，这种到处可见的语言柜反映了英语教育的地位。

20 世纪七八十年代，用交谈的方法进行外语教学在苏联开始处于主导地位。这种教学法主要是模拟语言交际情境，为学习者创造学习外语的气氛，据说曾创造出“七天学一门外语”的奇迹。这一时期苏联的英语教育有了很大进步，并且在 1980—1981 年对十年制学校的英语教学实行改革。改革规定四年级开始设英语课，为期七年；四至七年级的教学任务是使学生掌握听、说、读三种语言活动形式，着重发展口语；八至十年级着重发展学生两种阅读能力；两个教学阶段都注重训练学生听、说、读的技巧，规定书面表达只作为教学的一种手段而不是目的。这次改革极大地促进了苏联英语教学的发展。

除了日本和苏联，其他非英语国家的英语教育也大都有很长的历史，如德国、匈牙利和瑞典等国家的英语教育也都有近一个世纪的历史。

二、我国英语教育的发展

（一）早期的英语教育

京师同文馆（简称同文馆）的成立标志着我国开始正式实施英语教育。但是在19世纪初期，英语教育在我国沿海的一些城市已经开展起来，主要由英国和美国的传教士进行简单的英文教授，教育范围狭窄，规模不大，尚未形成规范的教育体系。

当时，外国人在中国以创立学校和创办报刊的方式进行英语教育。在创立学校的同时，外国人和商人编辑出版英文报纸、杂志，其中主要有《广州记录报》、《中国丛报》等。这些外文报纸、杂志的发行对中国早期的英语教育起到了不可估量的作用。

（二）同文馆及各类洋务学堂

1862年6月，我国近代史上第一所官办新式学校——京师同文馆正式开学，先开设英文馆，以后又增设了法文馆、俄文馆，制定了各项教学和管理制度。自此，我国正规的英语教育正式开始。

同文馆一开始仅是一所初等的外语学校，但与旧的私塾相比，无疑是一个巨大的进步。办学伊始，学生、教师人数都很少，英文馆仅有十名学生，教师也只有两名。以后同文馆的规模逐渐扩大。

同文馆的英语教育有其重要特点。第一，使用英文原版教材；第二，聘请外教教学；第三，除了正常的课堂教学，还组织安排学生参加各类语言实践活动，其中较多的是翻译实践。显然，这种教学方法对于培养语感、增强学生的语言能力是大有帮助的。同文馆的办学方向和教学方法是相当先进、科学的，它为中国培养出第一批外语教师和翻译，为中国英语教育的发展做出了很大贡献。不可否认，同文馆的英语教育作为我国英语教育的正式开端，迈出了良好的第一步。

继同文馆以后，各地纷纷开办方言馆和同文馆，其中上海同文馆、广州同文馆和湖北自强学堂的教学最有成效。上海同文馆把语言与科学知识结合起来进行教学，取得极大成功，培养出一批优秀学生；广州同文馆以语言学习为主，英语由外教上课，要求将中外语言文学融会贯通，也培养出一批学业优良的学生，其中有些人成为晚清的英语教育中有影响力的人物；湖北自强学堂由张之洞创办，在招生、管理和课程安排等方面更加科学，特别重视英语课的安排，因而办学成绩卓著。

另外，当时还有其他各类洋务学堂，这些新式学校重视英语教育，并把英语教育与其他学科结合起来，造就了一批外语基础好，又有较扎实的工艺知识的人才。

（三）19 世纪末期至 20 世纪初的英语教育

19 世纪末，中国封建社会濒临绝境，残酷的现实促使具有进取心的知识分子冷静分析形势，研究西学。自此，旧的封建教育制度开始解体，新的教育体制开始萌发并逐渐确立起来。

1905 年，在中国实行了 1300 多年之久的科举制度被废除，这一具有历史意义的大事，对近代教育、英语教育的发展，无疑具有重要的推动作用。

在废除科举制度的同时，以“中学为体，西学为用”为教育纲领的新学制逐步确立。1898 年的“百日维新”提倡西学，是一项突破性的改革措施；1904 年 1 月清政府颁布了学堂章程，它是中国近代教育史上最早施行的全国通用的新学制。这些提倡西学的新措施为英语教育发展提供了肥沃的土壤。

“百日维新”时把旧式书院改为学堂，以后又设立了不少新式学堂。这些学堂由地方政府或民间人士筹办，从办学的指导思想到课程设置，对英语教育都很重视。许多学校在招生启事或学校章程中明确指出把英语视为一门主课，规定教学时间，提出教学要求。当时的英语教师多为同文馆毕业生，又聘请外教任教。同时，这一时期继续创办的教会学校比以前的教会学校更强调英语教学。

新的学制建立以后，学习外语在当时成为一种时代潮流。英语教育在中学教育中占有重要地位，各地中学学堂对英语教学都很重视。在新旧教育体制交替的时期，创办新式学堂、开设英语课不是一件容易的事，新式学校比教会学校少得多。但是，西学之风已徐徐吹起，这段时期以后，各地学校对开设英语课颇有积极性，英语课的教和学也较为认真。1909 年，学部将中学分为文、实两类，英语仍然是一门最受重视的外语。1910 年，学部对英语教学提出了更高的要求，规定“各类高等实业学堂乃至大学，英语为必修之外国语”，凡要升入大学的中学生必须通过英语考试，广大学生也就更重视英语学习了。

1898 年 7 月，京师大学堂——由中央官办的第一所多系科的综合性大学正式成立。1902 年，京师同文馆并入京师大学堂，次年增设译文馆，对英语教育的重视比同文馆时期更进一步。20 世纪初，各省纷纷设立高等学堂，其中有些学校办得很有成绩。为此，1903 年清政府颁布《奏定学堂章程》，规定英语为各类学堂的必修课程，同时“取合宜之西文参考书使之熟习”，要求教师总结最适当的教学方法，以利于学生语言学习能力的提高。这些政策表现出英语教育在当时国民教育中举足轻重的地位。

（四）中华民国的英语教育

1. 中学英语教育

随着中华民国的建立，民国政府对清末的教育制度进行了改革，并系统地制定了全新的学制。这一时期，政府教育部门提倡在有条件的高等教育机构中，可以开设以英语为主的外语课程，旨在培养学生掌握一门外语，并能够熟练地运用它。1915 年，新文化运动全面兴起，并建立了教育研究组织与学会，其中的全国教育联合会最具影响力。至此，英语已经成为一门至关重要的学科，其教学目标明确，教学方法科学先进。

1922 年 11 月，“壬戌学制”颁布实施，初、高中从此分开，这有利于提高中等教育的水平，是新文化运动在教育上的成果。

在这一时期，出现了很多专门研究英语教学的论著，它们提出因材施教的教学方针，对教材的审定提出严格的要求。同时，关于英语教学研究的文章逐渐增多，散见于各类教育杂志。这些文章和专著对于我国以后的英语教学也颇有启发。另外，当时出现了一些研究英语教学的团体，其中最重要的是 1948 年 3 月成立的全国性的英语教学研究团体——中国英语教学研究会。不久，《英语教学》创刊，这是我国历史上第一本全国性的以英语教学为专门研究对象的学术刊物。

在中华民国时期，中学英语教学可以说有了很大发展。英语一直作为一门受重视的学科，而专门研究机构的成立和学术刊物的创办，更为英语教育的发展提供了契机。

2. 大学英语教育

中华民国成立后，设立外国语专门学校，使其成为高等教育的一个重要组成部分，在以后的十年间，外国语学校一直是英语教育的主要阵地。

大学教育在中华民国时期有很大发展，办学也日趋正规。在大学里，英语专业也是一门重点学科，各文科及师范大学都有设置。1932 年，全国三分之一以上高等学校普遍设置以英语为主的外国文学系。这段时期，大学英语教育的课程设置比较紊乱，其间进行多次调整；英语教师队伍庞大，教学与研究水平都相当高，朱光潜、林语堂、梁实秋、许国璋等都是从事大学英语教学及研究工作的教授、学者、专家，他们以后都成为驰名全国的教学大师。

总体来说，民国期间的英语教育取得了显著的成就，就课程设置、教材和师资力量来讲，较以前有很大进步。英语教学的研究工作也卓有成效，成立了专门的研究团体，创办了学术刊物，在宣传推广直接教学法和开展教学测验等方面，指导了全国的英语教学实践。

（五）1949—1976 年的新中国英语教育

伴随着国家政治和经济的发展，英语教育在中华人民共和国成立后的发展历程中经历了曲折而漫长的道路。

在中华人民共和国成立之初，因为中国与苏联的友好关系，俄语教学被视为外语教育的重中之重，而英语则相对处于不太受欢迎的状态。在此之前英语一直是中学和大学的主要外语课程，师资、教材和教法都有雄厚坚实的基础，这种情况下转向俄语教学导致了人力、物力的浪费。同时俄语师资和教材紧张，教学质量无法得到保证。这段时期，中学英语课时大幅度缩减，高等学校英语教育也受到严重影响。1953 年，高等师范学校英语系大多被撤销，这对于英语教育来说是一个巨大损失。

从 1957 年开始，我国的英语教育逐步摆脱困境，开始恢复。在当时的中学教学计划中，英语被列为一门重点学科，初中和高中《英语教学大纲》的制定标志着中学英语教学走上正轨。教育部采取了一系列措施，以切实加强英语教学：①高等学校录取新生时，英语考试成绩作为正式分数；②小学开设英语课，增加中学英语课时；③扩大开设英语课比例，充实师资队伍；④创办英国语言学校；⑤制订发展英语教育的长期规划。这些措施使 1957—1966 年的中学英语教学呈现新局面。

另外，1957—1966 年是高等英语教育的初步恢复阶段。俄语专业教学规模开始缩小，英语和其他语种的教学得到重视，新建和扩建了十多所外语院校，英语专业师资力量有了成倍的增长。至此，我国的英语教育开始走上正轨。

由于历史原因，此后十年，中国教育事业受到一定的影响，英语教学也是如此。在周恩来的关怀下，再加上外语教育界广大师生的努力，英语教育获得了一定的发展。

（六）1977 年以后英语教育的发展

1977 年以后，我国的英语教育迅速恢复并发展起来，受到了前所未有的重视，英语教育史也掀开了新的一页。

1978 年教育部提出：必须加强中小学外语教育；大力抓好外语师资队伍

的培养；编选出版一批相对稳定的中小学英语教材，并配以唱片、录音、幻灯、电影等视听材料。同年12月党的十一届三中全会以后，英语教育战线出现了新气象。1981年4月，教育部把中学的外语课列为三门主课之一，并在教学方面提出要求：对学生进行听、说、读、写的基本训练，侧重培养阅读能力和自学能力。在全国范围内较大规模地开展中学英语教学实验研究，在教学方法、教材编写及使用方面有一定的突破，特别是1981年底中国中小学外语教学研究会的正式成立，标志着我国中小学外语教学和研究工作迈出了新的一步。到1982年，我国的中学英语教育已恢复元气，教学质量也逐步提高。

1982年以后，中小学英语教学有了更大发展，主要体现在四个方面：①各地普遍开设英语课，连经济不发达、原来英语基础比较差的农村及乡镇学校的英语教学也有所发展；②重视师资培训，培养英语教育的骨干力量；③继续办好外国语学校；④编辑出版了一些以中学师生为主要对象的英语报纸、杂志，主要有《中小学外语教学》《中小学英语教学与研究》《中学英语园地》《英语学习从英语世界》《国外外语教学》《上海学生英文报》等，这些报纸、杂志对推动我国英语教育的发展和提高教学水平起了很大作用。另外，从这时开始，高考时英语成绩全部记入总分，对提高中学英语教学质量是一个有力的促进。

到1986年，我国的中学英语教育已达到相当高的水平，除规模扩大和教学研究有重大成果外，电化教学也有所进展，计算机已开始用于教学并卓有成效；同时，从这时起开始重视培养学生的交际能力，标志着英语教育的进一步发展。

1977年以后，高等英语专业教育也飞速发展。开设英语专业的高校逐年增多，教学计划、教学大纲、教材日益完善，电教设备也不断增多。在教学中，既重视听、说、读、写等单项技能的训练，又关心学生语言表达能力的提高。这时的英语教学，根据实际情况确定教学方法，充分利用录音、录像、电视、计算机等教学手段，并在教材、大纲等方面进行深入研究，从而总结出一套适合我国高等英语专业教育的方法，培养了一批又一批英语和英美文学的教学、研究人才和其他英语工作者。

对英语教学法和语言科学的研究也是当时英语教育的重要课题。到1988年，我国高校外语科研工作已蓬勃开展起来：成立了全国性和地方性的各种学术团体；恢复和增设研究所、资料中心科研机构；出版各种学术刊物；广泛开展国内外学术交流活动。这些研究工作对英语教育的发展起了很大的促进作用。

英语作为一种全球通用语言，它在科学技术和社会科学的各个领域都扮演着不可或缺的角色。随着英语地位的不断提升，对于非英语专业的大学生而言，接受公共英语教育是一项重要的学习任务。大学公共英语教学在我国的主要教育目标是采用分级教学的方式，提升学生的阅读能力，同时让学生熟练掌握听、说、写的技能，培养学生运用英语进行交际的能力。此外，将英语与专业知识相融合，开设专业英语课程，也是大学英语教育的主要特色之一。

分级教学是一项重要的教学措施。教学大纲对每一级都作出具体要求，并通过国家考试（大学英语四、六级考试）的方式对大学生进行考核，为衡量大学生的英语水平提供了统一的标准，并与用人单位的录用挂钩，从而更激发了学生学好英语的积极性。

20 世纪 80 年代的大学英语教学发展迅速。教材不断更新，力求适应各种专业的需要；师资力量日益雄厚，许多理工科学校也开设了英语专业；教学设备不断现代化，主要是录音机、录像机、听音室和语言实验室。20 世纪 90 年代后，计算机开始进入大学英语教学领域，计算机辅助英语教学软件层出不穷。另外，有关大学英语教学的全国性组织开始出现，有关方面的研究成果不断以论文的形式发表。进入 21 世纪，大学英语教学改革开展得轰轰烈烈，微课、慕课、线上精品课、翻转课堂等不断涌现，我国的大学英语教育进入繁荣阶段。

第三节　英语教育不同学科角度的理论基础

一、英语教育心理学的理论基础

（一）语言学习的心理基础

语言是人类所独有的，因为只有人类才具有一套完整的发音器官和专门化的肌肉系统，以及指挥发音器官快速而有机地协同动作的神经中枢。这两个方面是形成语言的必要条件，是人类语言不同于“动物语言”的重要物质基础。本节主要从神经生理基础的角度分析语言和脑、语言和思维的关系。

1. 语言和脑

（1）脑结构

作为人体最复杂的器官，脑是人类语言和认知的源泉。脑在头盖骨之下，由大约一百亿个神经细胞（神经元）组成，这些神经元由成百上亿条纤维按特定模式互相连接起来。神经元或灰质构成脑的表层，称为“皮质”。皮质下面是白质，主要由连接纤维构成。大脑皮质是人体的决策器官，它从各个感觉器官接收信息并引发、指挥和控制各种行为。它是人类所有心理活动的中心，还是记忆的“仓库”，人类通过各种途径获得的记忆便储存在这些灰质的某些部位。大脑分为两个部位，称作大脑两半球。左右两个半球之间由胼胝体连接。胼胝体包含约200万条神经纤维，有选择地与中线两边的一些皮质区相连，从而使两半球能互相交流信息。总的来说，左半球控制右侧肢体的运动，右半球控制左侧肢体的运动。例如，我们用右手指方向的话，就是左半球在指挥自己行动。小脑也分成两半球，位于大脑两半球的下面，与运动功能有关。脑的底部是脑干，它是脑和脊髓的连接部分，负责内脏功能（心跳、呼吸）的各种低级控制，还含有与言语发音运动相关的颅神经核。

（2）大脑语言功能的单侧化

大脑功能的单侧化（或一侧化）是指一定的功能主要由一侧大脑半球所控制。如果某一大脑半球在对某一功能的控制上，超过了另一大脑半球，这一大脑半球就称为这一功能的“优势半球”。大脑功能的单侧化问题也就是优势半球的问题。

人的语言功能主要是靠人脑的左半球来控制的，所以左半球这个语言优势半球发达，语言功能相对来说更强。

①临床观察。

1836年，马克·达克斯（Marc Dax）根据自己对40多例失语症病人的观察，发现语言障碍是由大脑左半球损伤引起的。1861年，在巴黎的一次学术会议上，保罗·布罗卡（Paul Broca）根据临床观察得出结论，声称大脑左半球前部的特殊区域（布罗卡区）受损导致语言能力丧失，而大脑右半球相同区域受到破坏时语言能力不受损害。布罗卡对失语症的研究表明：只有极少数的人是由于大脑右半球损伤引起语言障碍的，而在永久性的语言障碍者中，大约有97%的人是大脑左半球受损。布罗卡首次根据临床观察把复杂的心理现象定位于脑皮质的一定部位中，他的发现被称为语言和脑研究历史上的里程碑。1871年，卡尔·韦尼克（Carl Wernicke）也发现：大脑左半球后部特殊区域（韦尼克区）受损的人难以理解口语和一些书面语，从而引起语言障碍。

②失语症研究。

失语症是神经学术语，指中风、脑瘤、中弹或传染造成的局部脑损伤引起的后天性语言障碍。

失语症是大脑一定区域发生器质性病变而产生的语言缺失，因此我们在确认“左半球是语言功能优势半球”的前提下，首先简要介绍与语言有关的部位。

第一，前语言区。大脑皮层的前语言区主要包括布罗卡区，它的作用主要与句法有关，把词联合成连贯性的话语。其功能之一就是编制程序控制唇、颚、舌、软腭及声带等发音器官的肌肉活动，协调这些肌肉的活动使语言得以表达。前语言区主要与语言的表达有关。

第二，后语言区。后语言区由韦尼克区、缘上回和角回组成。韦尼克区位于左颞叶上回后部，是听觉词汇的储存仓库，其作用主要在于阅读、复诵、命名、猜测等。韦尼克区损伤的病人丧失了对表示实义的词的记忆，却保存了句法，能产生流畅的语言，但理解语言的能力严重受损。缘上回损伤会引起错误发音、音素替代以及语言流利性下降等症状。角回位于左半球顶枕部，在阅读和书写中具有特殊的重要作用，在词的命名、表达和理解逻辑—语法关系的语言操作中起重要的作用。

第三，弓状束。弓状束是连接布罗卡区与韦尼克区的一束联系纤维，其功能在于把到达韦尼克区的听觉信息传递到布罗卡区。

第四，丘脑。前、后语言区及弓状束都是大脑皮层的语言区。除此以外，语言功能还同皮层下部的丘脑密切相关。丘脑受伤的病人命名困难，频繁重复单词或短语，而这些重复对于表达都是多余的。

人们对失语症的研究提供了证明语言主要是大脑左半球的功能的无可争议的证据。在绝大多数情形里，大脑左半球受损导致失语而大脑右半球受损不导致失语。一般来说，失语症患者并不是表现出语言的完全丧失，而是语言的不同方面受损。这就引导我们把失语症划分为不同类型，下面对 4 种主要的失语症进行简要分析。

第一，布罗卡失语症。布罗卡区损伤引起的失语症称为布罗卡失语症，其症状主要表现为语言不流利，说话犹豫、费劲，言语缺乏语法，说不出通顺的话，把连贯的句子分解成孤立的、无句法联系的单词；听觉和阅读理解完好，但书写通常受到损害。布罗卡失语症病人的语言被描述为“电报式语言”。

第二，韦尼克失语症。韦尼克失语症指由于韦尼克区受损引起的失语症，其主要特征是理解、命名、复诵、阅读很差，但能产生流畅的语言；说话不费力并有复杂的语法结构，词法、语素、音位等都得以保留，但他们的语言缺乏逻辑结构和有价值的信息，讲话缺乏内容；阅读和书写也表现出严重的障碍。

第三，传导性失语症。弓状束的损伤与该失语症密切相关。传导性失语症患者如果布罗卡区和韦尼克区都未受到损害，那么他们就具有相对完好的言语输出和言语理解。但由于这两个区域的联系——弓状束受到损伤，到达韦尼克区的听觉信息无法到达布罗卡区，以致造成明显的错读、错写和复诵困难。

第四，完全性失语症。布罗卡区和韦尼克区都受到损伤的病人，不仅不能说出流畅的句子，而且不能理解、复述或命名。患者丧失了一切语言形式，但又不是哑巴，而是经常使用刻板的、定型的词语，包括习惯性的短语或无意义的音节组合。

（3）单侧化的发展和临界期假说

心理学家对失语症的研究发现，脑损伤发生的年龄对于语言恢复的可能性和恢复的程度有着至关重要的影响。在持续失语症患者中预测语言状况改善的程度称作失语症的预后。一般来说，如果损伤发生在四岁以前，预后状况最好；如果损伤发生在四岁到青春期之前，预后状况较好；如果损伤发生在青春期之后，则预后状况最差。

到目前为止，人们普遍承认大脑左半球占有语言优势的观点。但在童年早期，两侧半球具有各自独立的潜在的语言分析能力。儿童早期大脑两半球这种相对的独立性与研究失语症的资料显示：如果损伤发生在相当早的年龄阶段，损伤任一半球都不会影响语言加工能力的发展，因为未受损伤的另一侧将保持语言能力的发展，从而由损伤带来的永久性语言障碍概率就很小。

脑的变化发生在大约四岁时。这时，大脑左半球的语言加工装置有了惊人的发展，并超过了大脑右半球，大脑右半球的语言能力开始受到抑制，但并没有丧失进一步发展的可能性。因此，在正常情况下，大脑左半球的发展抑制大脑右半球的语言功能，使大脑右半球逐渐停止发展语言能力；但如果大脑左半球受到损伤，大脑右半球就担负起控制语言的责任，恢复已经停止发展了的语言功能。可见，如果大脑左半球的损伤发生在四岁到青春期，语言能力在一定程度上仍可重新获得。

青春期是一个转折点。青春期以后，大脑右半球已经失去了发展语言的能力。如果失语症患者的左失语症损伤发生在青春期之后，则不太可能恢复其语言功能。

总而言之，通过分析一些资料得知，出现失语症的原因是大脑语言功能的单侧化发展。大脑在逐渐发育的过程中，语言功能基本上定位在了左半球。这样的单侧化发展一般会经历三个时期：童年早期（零至四岁）、童年期（四岁至青春期）、成年期。

伴随大脑语言功能单侧化的研究，有人提出了第一语言习得的“临界期”假说。“临界期”假说的主要论点是大脑左半球仅仅是在某一个阶段以前才具有语言习得的倾向，并且这是一个语言习得可以容易、快速地进行而无须外部干预或有意识地教授的时期。“临界期”正好与单侧化发展的时候重合，单侧化的完成也是临界期的结束。如上所述，大脑左半球语言功能的单侧化，大约在青春期之前就完成了，因此青春期（大约13岁）也就被视为第一语言习得的临界期。18世纪以来，已经有许多报道：在完全隔离社会的环境中长大的儿童，如“狼孩”“熊孩”等由野生动物抚养大的儿童，没有一个在重新进入社会之后能像其他正常长大的孩子那样学会说话和完全懂得语言。另外一些儿童的隔离是人为的。例如，1970年，一则消息报道了一个叫吉妮的女孩，她在有生理缺陷的情况下被关在与语言完全隔离的环境中，从18个月到14岁很少与人接触，14岁之后才开始慢慢学会说话。吉妮虽然学会了很多词汇，但她的句法能力未能得到发展，没有助动词、疑问词、代词、问句，也不会倒装。但是在辨认脸孔、判断部分和整体、识别形式，即在发挥其大脑右半球功能方面，吉妮并不亚于任何正常小孩。在对吉妮进行两耳分听试验时，发现她用右半球来处理所有的听觉信息。这个例子不仅进一步证明了左、右半球分别执行语言的和非语言的功能，还进一步提供了支持“临界期”假说的证据。

关于“临界期”假说，近年来也有人提出异议。理由是四五岁的儿童，如果左半球受到损伤，虽然他们也能发展语言，但他们的语言在句法上与正常的语言发展并不相同，语言的单侧化可能在五岁就已经完成。也就是说，语言功能单侧化与临界期之间并无必然联系。因此，国外有人提出新的假设：多种语言能力（如语音）的临界期较短，超过了十一二岁确实难以完全习得，但是有的语言能力的临界期则可能很长。

临界期的说法远非定论，还应当进行更深入的研究，这里我们不做进一步讨论。

2. 语言和思维

人脑具有分工明确的左右半球，语言和抽象思维都处于占绝对优势的左半球。那么，这两者之间是什么关系呢？这就是哲学、心理学和语言学上争论已久的“语言与思维的关系”问题。

（1）典型观点

从公元前古希腊的柏拉图（Plato）、亚里士多德（Aristotle）开始至今，“语言和思维的关系”始终是哲学家、心理学家和语言学家深感兴趣并争论不休的问题，这里简单介绍几种典型观点。

①思维即语言论。

行为主义心理学认为，思维和语言是同一种东西，思维是一种“压抑了的语言”。例如，约翰·布鲁德斯·华生（John Broadus Watson）就认为思考不外乎是人对自己所做的言语行为，外在的言语行为养成的肌肉习惯直接与内在的言语行为（思考）有关。也就是说，思维完全是一种无声的语言。新行为主义者斯金纳（Skinner）也持同样的观点，他认为最简单最可取的看法是思想就是行为，仅此而已。这种行为包括语言的行为、非语言的行为、内在的行为、外在的行为。思想并非什么带动行为的神秘的东西，它就是行为本身。斯金纳的论述说明思维就是一种无声的或隐蔽的或微弱的言语行为。

②语言决定思维论。

沃尔夫（Whorf）和他的老师萨丕尔（Sapir）共同提出语言相对性假设。他们认为语言是一种相对独立的能力，是“思想的塑造者”。爱斯基摩人用不同的词称呼不同的雪，而英语中只有一个词 snow；阿拉伯语中据说大约有 6000 种表示骆驼的方式；对于光谱的切分，不同语言也有不同方式。沃尔夫认为，语言系统之间的差别与说这些语言的人们之间的非语言的认识差别相符；不同的语言结构强调的是世界的不同方面，这种强调必定对使用语言的人思考这个世界的方式产生影响，从而实现“语言决定思维”。语言不仅是表达意念的工具，它本身就能塑造意念，指导人的心灵活动，分析感觉，并整合心灵的种种活动。意念的构造依不同的语法而有不同的方式。由于母语的差异，我们也沿不同的线路把自然做各色各样的划割。

③思维决定语言论。

早在 2000 年前，亚里士多德就提出了思维范畴决定语言范畴的观点，当代则以瑞士儿童心理学家皮亚杰（Piaget）的观点最为典型。皮亚杰认为，语言和思维的关系是单向的，即思维独立于语言，而语言发展依赖于思维发展。在儿童能在言语水平上做出正确的推理之前，他就有可能在一定水平上正确地进行推理了，可见智力与思维是先于语言的。

（2）辩证统一的观点

我们认为，考察语言和思维的关系问题时应当以辩证唯物主义为指导思想，避免形而上学和简单化的倾向，避免强调一方忽视另一方的片面观点。应当认识到：语言和思维是人类心理活动中处于高度复杂的相互关系中的两个方面。

①语言和思维的个性。

语言和思维是两个不同的范畴，二者的区别如下。

职能不同。思维通过概念、判断、推理反映客观事物的本质及其规律性，语言则是人们的交际工具和体现思维的工具。

语言具有民族性，思维具有全人类性。人类思维的认识对象——客观世界的一致性决定了思维的一致性。语言既然要指称客观事物，就要对客观事物进行分类。对现实的这种划分，各种语言的表达形式很不一样。例如，英语中uncle这个概念，汉语分别用“伯父、叔父、舅父，姨父、姑父”表达；10000这个数字，汉语称“1万”，英语则用ten thousand（十千）表示；英语用冠词the和a区分句中名词的“有定”或“无定”，汉语却无此语法成分。但是，使用不同语言的人通过翻译完全可以理解相互的意思，这表明了语言的民族性和思维的全人类性。

②语言是思维的工具。

“言为心声”，思维的过程及结果都离不开语言，是靠语言记录和巩固的，因此语言有帮助人们认识世界的作用。语言可以帮助人们获取直接知识，如我们都是靠命名来记住客观事物的。儿童学话的过程也就是思维发展的过程。借助语言，儿童从认识单个事物开始，逐渐形成了抽象思维能力。语言还可以帮助人们获取间接知识，离开具体事物间接地认识客观世界。

人类是依靠语言进行思维的。思想的存在离不开语言，并且语言也是人类将自身的思想传递出去的重要工具。思想实现的基础是语言材料，语言不能够脱离思维而存在，人若没有思维就产生不了语言。因为语言的本质是人类最重要的交际工具，而交流思想是语言交际的基本内容。如果失去了思想这一内容，语言也就没有存在的价值。

（二）第一语言与第二语言

1. 母语、第二语言和外语

儿童在童年早期自然获得的最初语言就是其母语，也称为“本族语”或“第一语言”。

在早期外语教学理论中，与母语相对的是外语。但近年来，“第二语言”使用频率越来越高，逐渐与传统“外语”一词处于平等地位。中国人一般习惯接受“外语”，还不习惯使用“第二语言”一词，这里首先区分这两个不同概念。

斯特恩（Stern）指出，第二语言一般指在本国与母语同等甚至地位更重要的一种语言。例如，在非洲的一些国家，人们的母语是本国语，但英语、法语等属于官方语言的殖民国语言则可称作“第二语言”。外语一般指在本国之外使用的语言，学习的目的常常是就职、出国、旅游、阅读文献等。斯特恩后来又指出，第二语言还可泛指任何一种在母语之后习得的语言，包括本国其他民族的语言和方言。

埃利斯（Ellis）认为，第二语言与外语的区别在于是否在“自然环境”下“获得”。一切以非自然方式取得的母语之外的语言都称为“外语”。

术语的区分可以避免概念的误解和使用不慎。据了解，第一语言和第二语言是相对存在的；同样相对存在的还有外语和母语、非本族语和本族语。母语与本族语属于我们的第一语言，它们是人一出生便开始习得的语言，主要是在家庭和社会环境中习得，掌握的熟练程度较高。外语和非本族语属于第二语言，两者的学习都比母语晚，通常情况下是主要通过学校、家庭教育习得，有时候也可以通过自学，掌握的熟练程度要低于母语。

这些术语的区别是相对的，因人、因时、因地而异。我们倾向于从以下方面区分第二语言和外语。

语言环境方面，二者存在根本差别。第二语言的学习者处于比较轻松自然的环境中，周围众多的该语言的本族语使用者可以成为其“老师”。假如第二外语是当地的官方语言，例如，在加拿大和非洲某些国家，英语或法语是其第二语言；在拉丁美洲一些国家，西班牙语是其第二语言。这种情况下，政府文件、社会媒体、广告等都会使用官方语言，这也会为第二语言的学习提供有利的社会环境，

就语言输入来说，两者有着本质的不同。因为在第二语言的学习过程中，周围环境可为其提供理想的学习条件，有更多的语言输入，但是外语学习者却不能享受这样优越的学习条件。

就学习者的态度来说，两者也有一定差别。因为第二语言在本族语言团体中的地位不一般，学习者通常会积极主动地去学习。例如，在印度英语水平的高低，对选择职业和升职影响很大，因此学习者有着强烈的学习愿望和动机，这和在我国学习外语有着极大的不同。再比如，在中国要求学生必须掌握这门语言，但是有些学生自身的内在学习动力不够，在农村和某些偏远地区这种现象尤其明显，原因是学生没有目标明确的工具性动机，以至于全社会英语水平的提高受到阻碍，这也是国内英语教学还不够完善的地方。

母语知识在第二语言和外语方面的迁移关系也不一样。在欧美国家，由于学习者所要学习的第二语言一般与其母语有着同源关系（如英语和德语同属日耳曼语族，俄语同波兰语同属斯拉夫语族，它们同属印欧语系），相近的文化背景和相似的语音特征使他们语言能力的正迁移远远超过负迁移。中国学生学习的外语（如英语）与母语不同系属，语音、语法、文字系统迥然相异，这些都大大增加了学习的困难。

总之，外语是指在社会环境中非普遍用于交际的、外民族的语言。在我国，

外语是汉语和少数民族语言以外的语言，如英语、法语、俄语、日语等。政府规定为官方语言的非本族语（如瑞士的官方语言包括德语、法语、意大利语、拉丁语）以及本国内少数民族所学习的非本族语的共同语（如中国各少数民族学习汉语）则是第二语言乃至第三、第四语言。两个概念对不同个体有特定含义。对来华旅游的外国人，汉语就是其外语。

2. 双语现象

双语现象是一个十分重要的语言学问题。因为全世界大部分国家和地区都不同程度地存在着这个现象，它既是一个生活现象，又是一个政治问题。双语现象作为一个研究领域，涉及语言学、社会学、心理学、教育学以及政治、经济、文化、法律、地理等方面的问题。这里主要从语言学的角度考察其现实意义。

（1）双语的概念

“双语”一词，英语叫 bilingualism，又可译作“双语现象”“双语问题”“双语制”。从概念上，我们把它区别为集团双语和个人双语。

集团双语，有的语言学家又称为“社会的双语”“国家的双语”，它指在单一的地理区域内，在不同场合分别使用的两种或两种以上的语言，其中也包括某些语言使用者在不同情况下使用同一语言的两种或两种以上的变体，这些变体中的每一种都有其专门的功能和具体的用途。定义的前半部分来自不同的语言在同一区域的相互接触，如加拿大，印度等国家都在一国范围内同时使用不同语言；定义的后半部分把双语概念扩大到包括方言中的变异、语域或变体。国外有些学者把同一语言中有着变体功能的两种变体称为 H（High）变体和 L（Low）变体，即“标准变体”和“粗俗变体”。H 变体由于历史、政治的原因占有比较重要的地位，常用于政治机构，教育中心、新闻媒介以及诗歌等；而 L 变体通常用于初级教育、个人信函、与朋友谈话、生活剧、民间文学等。H 变体与 L 变体的区分，简单说即正式与非正式的区别，二者在威望、标准化、稳定性、语言获得、语音、词汇、语法方面都有一定差异。比如，在语言获得方面，成人用 L 变体对儿童说话，儿童用 L 变体交谈，儿童用学习母语的正常方式学会了 L 变体。儿童虽然可以时时听到 H 变体，但他们实际上主要通过正式教育学会了 H 变体。L 变体语法结构和语法概念，未经讨论和弄清，不知不觉中就已学会；H 变体的语法则需要经过训练才能学会。从 H 变体和 L 变体的角度而言，每一个社会成员都是操双语者，但 H 变体和 L 变体并不等于我们平常所说的“双语”。

通常情况下，人们在理解“双语”概念时，一般排除了同一语言的 H 变体和 L 变体的理论，而接受“一个人必须具有使用两种变体语言的能力才能看作操双语者”的观点。我们倾向于这样一种认识：双语是交替使用两种或两种以上变体语言的实践（我们把“多语”包含在“双语”中，因为二者只是数量上的区别，而无本质区别）。布龙菲尔德（Bloomfield）认为，双语只适用于那些“像操本族语那样掌握两种语言”的个人，实际上这几乎不太可能。因为对于大部分操两种语言的人来说，其中一种语言总是比另一种更流利自然，而不可能处于完全等同的状态。哪一种语言更重要，取决于以下因素：学习语言时的年龄大小和掌握语言的先后次序，使用机会的多寡，个人感情色彩，两种语言的社会功能及文化价值大小等。本书从语言教育的角度来探讨双语现象，因此我们把双语现象作为一种个体现象，即我们所说的双语通常指的是个人双语。

（2）双语教育

双语教育指的是两种语言作为教学媒介的教育系统（这个定义涉及不同语言，因此不包括同一语言的两种变体 H 和 L 的特殊情况，也不包括双方言情况）。目前，在中国大陆普遍实行的英语教育具有下述特点：教授英语的目的在于促使学生学习和使用母语之外的第二种语言；而在学生的整个教育中，英语并没有取代汉语成为教学语言，主要教学语言仍是学生的第一语言（汉族区为汉语）；英语的有关知识在教育过程中的某一阶段（中学）给予介绍，并要求学生充分学习英语，目的在于拓展学生的文化视野，为增加他们社会的与专业的潜力提供充分的英语基础训练。

掌握第二语言或外语的途径有三种：与第一语言同时掌握；先掌握第一语言，然后自学第二语言或外语；先获得第一语言，然后通过学校教育学习第二语言。

中国的英语教育主要属于上述第三种类型。学生学习英语是以掌握母语（汉语或其他少数民族语言）为前提的，即使学习过程中主要强调对英语的结构分析和规则的掌握。事实上，学生是运用在获得母语的过程中所掌握的经验和方法来学习英语的，并且挟带着个人的情感因素、文化观念和思维习惯等。学校教育的方式可以提供广泛的领域和提高多方面的技能，但是缺乏明确的动机和交流技巧来建立真正对话的环境。

（三）心理语言学流派

1. 机械主义“强化论”和“传递论”

“强化论”或“刺激—反应论”是心理语言学形成和发展的基石，布龙菲尔德和斯金纳是这一理论的代表人物。他们认为，人的语言行为并非天生的，必须通过后天学习才能熟练掌握，并将人的语言行为当成是外界刺激所形成的系统性的反应，因此通过“刺激—反应”的程度对人的行为进行研究。人幼年时的语言学习，基本上是对环境或者成年人的语言做出的应激反应。如果反应是正确的，就会获得他人的鼓励和肯定，幼儿的大脑会强化记忆，从而形成一种语言习惯。布龙菲尔德持有同样的观点，认为语言本就是通过训练和养成习惯而形成的。斯金纳认为，可以通过操作性条件反射原则来说明人的语言习惯，他将“强化”看成语言学习的根本和必要条件，成人的语言反应的保持也是如此，也需要通过进行“强化”训练。

不论儿童还是成人，语言的学习与保持都离不开“强化”。幼年时代，儿童就是通过不断模仿成人来学习语言，对外界语言环境的刺激不停做出反应或模仿，不断强化这些反应，从而养成语言习惯。

总而言之，根据“刺激—反应论”的理论，环境与经验对于学习语言有着十分重要的作用，人在环境中是被动、消极的接受者，而心理过程是接受外界环境刺激的应激反应产品。这样的观点否定了人和动物之间的不同，没有看到人的心理因素在言语行为过程中起到的作用，对语言习得的解释有许多漏洞。在“刺激—反应论”的基础上发展起来，并企图弥补其不足的奥斯古德（Osgood）提出的“传递论”，在刺激与反应之间加入了传递性反应与传递性刺激这样的内在环节，认为反应不仅有外在的、显露的反应，还有内在的、隐含的反应。这种内在的反应又可称为“内在的刺激”，引起新的反应。“传递论”企图克服机械主义的缺陷，但它并没有放弃“刺激—反应”的基本模式，在本质上并没有脱离机械主义。

2.“内在论”和认知心理学

《句法结构》这部著作的问世，对20世纪50年代末的心理语言学研究产生了重大的推动作用。作者乔姆斯基（Chomsky）首次提出来转换生成语法理论。

乔姆斯基认为，语言是人类独有的，人类具有一种天生的语言能力。儿童生下来就有一种适宜于学习语言的独有的“语言习得机制”。乔姆斯基的“内在论”认为，语言是一种以规则为基础的复杂系统。虽然儿童讲不出这些规则是什么，但他们学习语言就必须把这些规则“内在”化。在这一点上，“刺激—反应论”认为语言不外乎是一些习惯的总和；“内在论”将语言习得机制看作一种特别的语言机制，它与其他功能不同，是独立存在的，甚至语言习得机制跟智力的发展关系并不大，学习和理解语言的关键是“内在”化的语言规则。语言规则是一种深层次结构，学习的过程就是将细节填充到深层结构中的过程。注重研究世界语言的共同点，指出世界上任何一种语言都拥有同样的深层结构，但是，将深层结构转换为浅层结构，每种语言的转换规则却不尽相同。乔姆斯基认为，本质上来讲语言学习过程跟心理密切相关，主张将语言学视为心理学的一个分支，同时还将转换生成语法理论看作探究人类心理结构与素质的重要方法。

乔姆斯基的语言习得“天赋论”及认为语言能力是天生的理论，具有一定的唯心主义特点。他提倡唯理论，反对机械论，从认识论上来说是相对片面的，带有局限性。

就在“刺激—反应论”和“内在论”争论不休的时候，另一种新理论——“相互作用论”诞生了。这一理论认为，先天能力和后天客观经验相互作用，共同造就了儿童语言的发展。“相互作用论”是来自瑞士的一名名叫皮亚杰的儿童心理学家的“认知论”发展而来的。根据皮亚杰的观点，学习过程是一个“同化”和“适应”的过程，孩子从出生起，行为方式十分有限，然而他们依然会试图不断地向周围的人和环境学习，来增强自己的行为能力，也就是所谓的“同化”；“同化”的过程中，孩子会不断调整自己的行为，以适应周围的环境，也就是所谓的“适应”。语言学习也是这样的一个“同化”和“适应”的过程，人类会利用熟悉的语言结构来创造新用法。皮亚杰强调，只有提高了认识能力，语言能力才会相应提高，孩子模仿成年人的语言首先是他具有了一定的认识能力，并非任何刺激都可以引发相应的反应。

皮亚杰的学说虽然不是一种自成体系的语言习得理论，但它对于心理语言学的研究有一定启发意义。

二、英语教育语言学的理论基础

（一）语言教育与语言观

1. 语言观

语言观就是人们对语言的看法。语言学是研究语言现象本身的科学，语言教育是研究语言教授和学习的科学，二者都涉及对语言的看法，即语言观。许多知识领域也涉及对语言的认识。千百年来，哲学家、社会学家、心理学家、文学家、政治家都曾发表过对语言的看法，而在不同的领域，从不同的角度，用不同的方法研究“语言是什么”这一问题，难免会有种种分歧和争论。

哲学家可能回答：语言是思维的工具。他们中间有些人把语言看作人类思维的外在表现，另一些人则把思想上的差异归结为语言使用上的差异。社会学家认为语言是一种行为。统计学家认为语言是有意的和无意的选择，而语言学家们的分歧就更大了，古代的语言理论曾毫不怀疑语言等同于思想本身。现代语言学的重要理论则提出语言是形式而非实体；中世纪的语言研究只限于古老语言的书面形式，现代则开始关注自然语言的口头形式；普通语言学把语言看作一门知识，而现在人们更关心语言是如何发挥作用的。

自瑞士语言学家索绪尔（Saussure）提出现代语言观后，人们逐渐认同了语言的本质是一套任意的符号系统。布龙菲尔德倾向于将意义排除在这套形式体系之外，功能主义者则更希望将意义与句法相结合。语音学家坚持认为语音实体的表达是语言最根本的东西，另一些人则认为语言还应包括书写符号。机械主义者认为语言是工具，是物质的，是人对语言刺激的习惯反应。心灵主义者则认为语言是心灵的，主要是心理行为，语言是人类心灵中一种潜在结构，可以生成无穷无尽的句子来表达思想。结构主义者视语言为一种结构，是独立的状态。社会语言学却把语言看作一种交际手段，是一种社会现象、社会规约，是人们用以交流思想的交际工具，他们认为语言结构和语言使用与社会有关。

反映在术语上，不同的语言理论使用不同的术语，甚至同一术语在不同体系中的意义也不相同。现代语言学可谓分支众多，学派林立。

综合地看，一般我们认为语言是人类最重要的交际工具和进行思维的工具，是人类特有的符号系统。

2. 语言观与语言教育

每一种语言教育方式都有自己的理论根据，都有自己独特的教学思想，语言教学的许多主张和做法不一定都和语言学有非常直接的关系，但它们在语言观上必定是一致的。

“如果把语言看作一种状态，不同理论就会在语法书和词典中对语言做不同的描写，从而也决定着应该教什么；如果把语言看作一种活动，这种理论就会产生不同的语言教学思想，决定怎么教授语言材料。”①

传统语言学把语言当作知识，持这种观点者多采用语法翻译法。机械主义和行为主义的结构主义语言学把语言学习过程看作“刺激—反应”形成习惯的过程，在外语教学中相应地有直接法、听说法；与之相反，心理语言学中的认知学派主张把语言看作一个过程，把外语教学看作认知规律、创造性地运用语言知识的过程，这一派在外语教学中采用认知法。社会语言学、语用学将语言看成一种社会规约，在外语教学中则有相应的功能法、交际法。

① 麦基．语言教学分析[M]．王得杏，译．北京：北京语言学院出版社，1990.

语言教学可以以一种或多种语言理论为依据，并且随着语言教育的日趋科学化，它总是日益明确地奠基于某一语言观假设上。

如前所述，人们研究语言，可以从不同角度出发进行观察和研究，从而得出不同结论。例如，对“语言是什么”这个问题，可以回答：语言是人生斗争的武器，是交际工具，是思维的外壳，是一个符号系统等。语言观是语言教育思想的重要组成部分，不同的语言观会导致不同的外语教学流派的产生，或者说，不同的外语教学流派有不同的语言观。

（二）语言学的流派

1. 结构主义语言学

20 世纪初，语言学研究方向发生了根本变化，重心从研究语言谱系转移到研究单个语言的结构，以历史比较语言学为主流的时期结束了，代之而起的是结构主义语言学。这一大转折中的关键人物是著名的瑞士语言学家索绪尔。从索绪尔开始，语言学便进入现代语言学的新天地。1916 年，索绪尔的《普通语言学教程》正式出版，奠定了现代语言学的基础。

这本教程其实是索绪尔的学生根据他在日内瓦大学三次普通语言学课程讲义记录整理而成的，是他唯一的一本著作，然而他提出的语言学说无异于语言学史上哥白尼式的革命。索绪尔关于语言和语言学的理论十分丰富，其主要内容可概括如下。

（1）区分了语言和言语

索绪尔明确语言学的研究对象是语言而不是言语。语言是抽象的、系统的、稳定的，而言语是具体的、个别的、动态的；语言系统是本质的，能力的，言语活动却是现象的、表现的。

（2）主张区分共时态和历时态

索绪尔区分了共时语言学和历时语言学，指出应从历时研究转向共时研究。语言的共时现象，即语言的横切面现象。语言的历时现象，即有关语言的历史演化的纵断面现象。

（3）提出著名的符号理论

索绪尔把语言符号定义为音响形象和概念的结合，引进术语“能指”和“所指”代替原来的音响形象和概念，并指出符号的任意性，即所指与能指的联系不可论证，由此他设想建立符号学。

索绪尔的“系统”则与其价值相关。语言是一个系统，语言符号是系统的组成要素，其功能是由系统各要素之间的关系决定的，即价值决定了系统的功能。

正如棋子的价值不在质料，而在于它们和其他棋子的相互关系，系统里起作用的不是实体而是差别。语言就是一个有价值的符号系统，符号的价值是在系统中一切关系的总和，而索绪尔认为语言里有两类关系：横向的句段关系和纵向的联想关系。他运用其创立的一系列新概念——对立、差别、价值、实质、形式，进一步指出这一切是如何联系的。可见，索绪尔已深入语言如何运转这个问题的核心。

索绪尔在《普通语言学教程》中提出了系统的观念，详细解释了结构主义的基本原理。他认为，整体的价值取决于它的部分，部分的价值取决于它们在整体中的地位。所以，结构主义中所谓的“结构”即索绪尔所说的“系统”。自 20 世纪 30 年代起，有许多学派，如布拉格音位学派、哥本哈根语符学派、法国功能学派接受并发展了索绪尔的观点，结构主义语言学在欧洲盛极一时。20 世纪 40 年代以后，结构主义又以其严密的方法论启发了社会科学的其他学科。可以说结构主义语言学至今虽已告一段落，但结构主义思潮仍方兴未艾。

总之，现代语言学关于语言是一个符号系统的思想、关于语言和言语区分的思想、重视共时研究、优先研究口语、对所有语言一视同仁、认为语言学应该是描写性的而不是规定性的等思想都来源于索绪尔，正是由于他提供了语言研究的新方向，我们才说索绪尔是现代语言学的开创者。

语言学中的结构主义是由索绪尔关于语言是一个符号系统的理论发展而来的，主要有三大分支：布拉格功能学派、哥本哈根语符学派和美国描写语言学。

结构主义认为每种语言都是独特的结构系统，不可能像传统语法那样用一种模式去解释各种语言的语法。这种看法跟当时美国语言学的实际任务和环境（最初主要研究美洲印第安语言）很有关系，正是印第安语的特殊性迫使他们去发展共时的描写方法，即对语言结构做科学而客观的描写，由此产生了与限定主义针锋相对的口号——描写主义。

结构主义语言学认为语法范畴不可能按意义去限定，而应该按其分布情况去限定。音位和语素是语言结构的两个基本单位。音位是语音结构中具有区别性特征的最小单位，语素则是语法结构的最小单位，它们都有其分布特征。两个单位可以互相替换，此时是等值分布，若分布不同，就不是等值的，而是互补分布。这种分析法是美国描写语言学最重要的方法，以至于有人称描写语言学为“分布主义”。但由于句子结构的复杂性，用这种程序描写句法不甚理想，对语音的描写、音位的确定倒非常有效。因此，描写语言学实际上是从音位学开始的。

2. 心理语言学

“心理语言学”是运用心理学的理论与方法，研究人们掌握语言和运用语言的思维过程的一门科学。20 世纪三四十年代，有人陆续提出“心理的语言学”“心理语言学”“语言心理学”这样的名称。但是，“心理语言学”作为一门独立的学科且被广泛使用是在 20 世纪 50 年代初。1951 年，美国社会科学研究院召开了由语言学家和心理学家参加的关于语言行为的边缘学科讨论会，1952 年，成立了语言学与心理学委员会。1953 年，美国心理学家卡罗尔（Carrol）在《语言研究》一书中，将“心理语言学”作为一门独立的学科术语来使用，并提出了语言学和心理学这两门科学相结合的可能性。1954 年，奥斯古德和西比奥克（Sebeok）把美国社会科学研究院的语言学和心理学委员会的学术讨论会的文件和报告汇编成一本专集《心理语言学：理论和研究问题的概况》，标志着心理语言学的诞生。心理语言学主要研究以下问题。

①语言的性质，包括人类语言的共性和多样性，语言的结构与语言的功能，语言能力与语言运用等问题。

②语言的习得，包括第一语言习得、第二语言教学、语言发展与认知发展等问题。

③语言的感知与理解，即语言的解码过程，包括语音知觉和字词识别、词汇理解、句子理解和篇章理解等问题。

④语言的生成，即语言的编码过程，包括口语与书面语等问题。

⑤内部语言，即人们在思考或思维时所用语言的特点。

⑥语言的应用，包括阅读问题、失语症及其他语言障碍的诊断与矫正问题。

心理语言学有三大理论流派：联想派、程序派和内容派。联想派形成于 20 世纪 90 年代以前，以华生的心理学研究为基础，以奥斯古德和斯金纳、斯多特（Stoat）等为代表。联想派认为，人类的语言是后天习得而不是先天具有的。语言的习得是一个“刺激—反应—强化”的过程，一个词、一句话均具有刺激的性质，诱发条件反射，形成话语，而这第二种刺激又具有刺激性质，再次诱发第二个条件反射，又形成第二个话语……如此类推，形成联想的序列和连锁。

程序派形成于 20 世纪 50 年代末至 60 年代末，以瑞士心理学家皮亚杰的认知心理学为理论依据，用一组认知机制来解释语言行为，以斯洛宾（Slobin）、福多（Fodor）和皮亚杰等人为代表。程序派认为，人具有先天的认知机制，“刺激—反应”模式只能用来解释动物行为，而不能证明人的语言行为，儿童获得的语言体系是凭其认知从语言输入中提炼出来的规律，先天的生理基础和后天的学习同等重要。

内容派形成于20世纪60年代末，以乔姆斯基等人的转换生成语法为理论基础，以乔姆斯基、米勒（Miller）、卡兹（Katz）等为代表。内容派宣称自己的任务就是研究语言，即研究语义在人脑中的形成过程，他们认为，人具有"先天的语言习得机制"，包括一套形式上和内容上的语言共性，人们依靠这种机制掌握语言。语言运用不同于语言能力。

心理语言学有以下基本概念。

①语言与言语。瑞士语言家索绪尔最早提出应该区分语言和言语这两个概念。他认为，语言是一种社会现象，是社会强加于全体社会成员的一种特殊的规约，不从属于使用语言的个人，而为使用该语言的各个社会集团所共有，具有长期性，稳定性等特点；言语则是一种个人的活动，即"个人的意志和智力的行为"，是个体的语言运用，带有个人的风格，具有短暂性、不稳定性等特点。索绪尔同时认为，语言和言语两者是相互联系的，互为前提。言语想要被人明白，并发挥它的作用，必须靠语言的帮助；另外，语言能够形成，是以言语的产生为前提的。这是由于，言语想要表述的事情是优先于语言发生的；对于言语来说，语言既然是一种工具，又是言语的产物。

②语言能力与语言运用。语言能力与语言运用这是乔姆斯基提出的两个概念。他认为，语言能力是语言使用者所具有的关于他的语言的知识，即对语言内容的内在规律的了解。语言能力是语言的核心，是隐秘的语言规则的集合。研究语言能力，发现和说明语言规则的性质，是语言学家的重要任务。语言能力是描述语言中的规则，而这些规则如何应用则构成了语言运用的领域，即揭示或描述人们使用语言能力的过程，包括语言的生成、理解、获得过程。

③语言习得与语言学习。语言习得发生于说话者开始学语之际，即母语的学习，而个体获得母语之后，有可能再学习一种或数种语言，这个过程便是语言学习。语言习得发生于个体童年期，而语言学习则发生于一生中的任何时期。在语言习得过程中，说话者在获得语言的同时，也获得潜存于各种自然语言表达方式中的认知范畴，而语言学习则不必经历这样一个认知过程，仅仅是学习与母语对应的表达方式，而不是认知范畴。

3. 社会语言学

社会语言学是研究语言与社会关系的新兴语言学学科。它既要从社会生活的变化与发展中来探究语言变化发展的规律，又要从语言中探寻社会生活的某些倾向和规律。对语言和社会关系的探讨可以说早就开始了。而社会语言学研究作为独立学科在英美学术界得到普遍承认和重视是20世纪60年代末70年代初的事，这是现代语言学进步的一大标志。社会语言学家海姆斯（Hymes）指出，语言学和其他社会科学尤其是人类学的联系，至少可以上溯到19世纪中叶。社会语言学崛起的真正契机是结构主义语言学派乔姆斯基与生成学派在语言分析方面遭受挫折的时候。他们致力于研究语言本身的内部结构及其规律，而忽视语言的社会性这一根本特征，因此对语言现象的解释方面有一些局限和不当之处。乔姆斯基的语言分析必须包括对语义的分析，而语义分析必然引进社会因素。社会语言学的出现，重点强调把语言作为一种社会现象来研究，这是语言科学向前发展的一个好征兆。

1964年，美国社会语言学委员会利用在印第安纳大学举办的暑期讲学，举办了一其语言研讨会，标志着美国社会语言学的正式诞生。

迄今为止，社会语言学的领域并未有确定的疆界，但是已经探讨了许多重要的问题。由于研究这些问题的学者分属各学科，他们的侧重面不同，方法也各具特色。从社会学角度的研究称为语言社会学或宏观社会语言学，代表人有费什曼（Fishman），他们运用社会统计学的方法进行抽样调查，从大量自然语言资料中观察社会对语言行为的影响。从社会心理学角度进行的研究称为语言社会心理学，代表人有兰勃特（Lambert），他们在方法上采取内省和观察法，主要借助实验取得数据。从人类学角度的研究有话语民族学、语言交际的民俗学和人类方式学等，代表人物有海姆斯。站在语言学本身角度来说，方言学和社会语言学的关系密切。但是，传统的方言学调查研究的对象具有明显的地域特征，有时候仅限于农村，而社会方言学需要研究方言特征和社会因素的关系，因此调查对象为城市，所以也叫做“城市方言学派”。美国的拉波夫（Labov）是社会语言学研究学派的重要人物。

城市方言学派以研究纽约英语的社会层次划分而驰名于世。拉波夫在1966年的调查中所使用的计量研究被称为“经典方法”。这一研究以纽约市下东区居民为调查总体，并设定社会变量，如依据社会经济地位这个变量将其分层，具体分为底层阶级、工人阶级、中下层阶级和中上层阶级。然后，选定说话人、说话场合以及语言变量（意义相同的几个变体），收集言语样本确认语言变量和变体。比如，可以确定[r]这个音是可变音素，以第二次世界大战为实践节点，之前并不发卷舌音，之后的发音变为卷舌音。在社会的中上层阶级，大部分年轻人从入学起就发卷舌音，一些年龄比较大的人，为了迎合新的发音规范，还需要刻意纠正自己的非卷舌音。调查结果显示：①社会地位越高的人群内，发标准音的人所占比例越大。②不同的阶层中，交流的场合越正式，发标准音的群体所占比例越大。也就是说，社会层级与语言层级之间有着密切的关联，社会环境与情境共同制约着语言的发展。③正式的交谈中，相对于中上阶层的高年龄段人群，中下阶层中的年轻人发标准音的人更多。

城市方言学派的这种研究是卓有成效的，它在发展中遵循语言同社会密切相关的原则，提出了许多重要问题和观点。它指出，语言并非封闭的、抽象的系统，人的语言能力不仅包括关于语言系统的知识，也包括关于语言使用的知识；语言的变异和变化，除了可在语言环境（即上下文）中找到原因外，还同社会环境相关。这些都加深了人们对语言本质的理解，但是它们的研究只是一种微观的研究，不能解决语言规划、发展中国家的语言问题等重大的社会语言学问题。20 世纪 60 年代到 70 年代中期，是以拉波夫为代表的微观社会语言学的黄金时代，后来的发展就比较缓慢了。此后发展起来的主要流派可统称为“宏观社会语言学”。

宏观社会语言学以美国费什曼为代表，他们主要研究双语和多语交际、双语和多语教育、语言政策、语言规划、语言规范化和非规范化（如洋泾浜语），标准语的选择、语言的相互接触和影响等问题。前面已提到，费什曼主要从社会学的角度来研究语言问题。

宏观社会语言学家认为，多语现象给政府和其他国家机构带来很大问题，如比利时和加拿大的语言冲突影响就业、宣传媒介、教育等诸多领域，必须制定正确的语言政策来恰当地解决。语言不断地发展变化，为了有效地控制这种变化以适应交际的需要，要制定语言规划，如语言的规范化、文字改革、在本国内应推广哪几种语言等。

目前，社会语言学引起越来越多学者的重视，跨学科的研究正在进行，语言学的研究领域得以扩大到社会这个广阔的天地来，但难以形成统一的理论体系，人们可以把纷繁复杂的局面看作社会语言学的缺陷，但也许这正是使这门学科方兴未艾的一个重要原因。

三、英语教育学理论基础

著名学者斯特恩认为，教育学中的教育心理学，教学经济学等学科与现代英语教学法有着密切的关系。

（一）教育学理论

教育学主要阐述教育知识、研究教育现象、探讨教育问题并揭示教育规律等内容，它已有悠久的历史。在外语教学法问世之前，外语教育是在教育学的理论指导下进行的。英语教育属于教育范畴，教育学的原则、原理和方法对英语教育有指导作用并能在大学英语教育中得到应用。

现代英语教育和教育学中的教学论是特殊和一般的关系。因此，教师应该会应用教育学的理论去处理大学英语教育中出现的问题。总之，教育学提出的教学理论对大学英语教育具有指导意义。

除此之外，教育目的、教育方针和培养目标从宏观方面影响着现代英语教学，英语课的开设、开设的课时数、开设的目的和要求都受到教育学理论的影响和制约。

（二）教育经济学

教育经济学是教育学与经济学的交叉学科，是从经济学的角度、用经济学的理论与工具来研究教育学的相关问题，并将关注的重点放在教育获得的经济效益上，即如何开设外语课程来获益。下面就根据教育经济学的观点从宏观与微观两个层面对开设英语课程的相关问题进行探讨。

1. 宏观层面

就目前英语课程改革的要求而言，开设英语课是从培养人才的角度来考虑的，因为21世纪人生存与发展的基本技能不仅包含母语的运用，还包含计算机及一门外语的运用。

就经济发展和获取信息的需要而言，国际上绝大多数的论文、演讲都是用英语完成的，并且国际互联网的应用语言也是英语。

英语课程的开设还有其他方面的益处，如可以锻炼一个人的品格或性格，培养一个人的意志力，促进学生的全面发展等。

2. 微观层面

对开设英语课程的微观把握需要注意以下七个方面。

①教学时间。

②班级人数。

③教师培训费用。

④教材及其他资源费用。

⑤管理人员及非专业助手的费用。

⑥教学场地等的费用。

⑦教师及管理人员的薪酬。

（三）教育心理学

教育心理学的研究内容是学习者、学习过程和学习情境，其侧重研究学生个体心理活动规律对课堂教学的影响，探讨学生的思想品德、技能、知识、智慧以及整个个性形成和发展的规律和特点。

作为心理学的一个学科分支，教育心理学与外语学习的理论、语法、外语语音、词汇知识的传授以及学习动机的激发、口头和书面表达技能的形成等都有着直接的、密不可分的联系。

教育心理学与大学英语教育的密切结合也成为现代英语教育发展的趋势。在现代英语教育实践中，教师要在传输知识的同时研究学生的心理，这样则有利于英语教育取得事半功倍的效果。

第二章　英语教学的概况

了解英语教学，就要对其基本的概念和目标、要求有一个基础的认识。本章重点介绍了英语教学的要求、原则和评价三个教育过程的内容，从三个角度对英语教学的基础作出阐释。

第一节　英语教学的要求

一、教学目标的定位

2007 年颁发的《大学英语课程教学要求》(以下简称《课程要求》) 明确规定："大学英语的教学目标是培养学生的英语综合应用能力，特别是听说能力。"《课程要求》中的规定标志着英语教学将会有本质的改变，也就是说，要注重英语听、说、读、写、译的学习，同时更要注重英语听、说能力的提升。这样的要求是基于社会发展需要而提出的。社会经济的发展对高校毕业生的英语水平提出来更高要求，倒逼高校的英语改革必须使学习内容更加丰富，使学生不同方面的英语应用能力得到平衡发展。对于绝大多数学生来说，经历过中学阶段的英语学习，具备了一定的英语基础，有一定阅读能力，但是听、说、写方面的能力较为欠缺，英语综合运用能力较弱。同时，实际英语交流过程中，听、说、写是最直接也是最重要的交流方式，再加上随着经济全球化进程加快，国际交流日益频繁。因此，大学英语教学迫切需要提升学生听、说、读、写、译的能力，才能够适应社会发展的需要，同时这样的教学方法也更符合英语学习的规律和特点。教育的另一个重要目标是提高学生自主学习的能力，令其具有在课堂和学校之外学习和获取信息的能力。

对于大学英语教学而言，重点在培养学生在学习和使用语言时的策略意识与策略能力，即让学生懂得如何选择合适的学习策略，并对自身的学习进行管理和评价，时常回顾和反思自身的自主学习能力，为将来的终身学习做好准备。

（一）听、说、读、写、译能力协调发展

教学大纲中的教学目的是对大学英语教学的总体把握，是大学英语教学的行动指南，是对教学精神的理解，对英语教育管理和教学来说，起到了至关重要的作用。大纲通过不断改革与修正，科学合理地将听、说、读、写、译 5 项技能作为综合能力加以培养，突出了听、说的地位。在国际交流日渐频繁的今天，强调大学生英语综合应用能力的培养是与时代要求相一致的。同时，又因为读、写在语言学习中的自然地位，在教学中实际出现了 5 种技能都不能偏废的局面。5 种技能由于时间和空间的关系，不可以被分散开而逐项进行，它不是听、说、读、写、译各项技能的简单组合，而是在充分注意到各项技能之间内在联系的基础上，注重各项活动之间的衔接和互补，从而使其有机地融为一体。整体语言法也认为，语言是一个整体。语言能力的发展和培养是整体性的，语言教学应从整体出发，将 5 种技能融为一体，在英语教学中，以听、说为主旋律，贯穿读、写和译，淡化教材内容，改变传统教学中大量机械的讲解与生硬的练习而忽视听、说交际的现象。强化听、说的运用能使学生在学习过程中体会语言的魅力，获得成就感，从而大大激发并保持学习兴趣。整体语言法还主张语言知识和技能应通过自然的语言环境加以培养，从而在更有效地提高学生听、说能力的同时全面发展他们的综合语言表达能力，为学生语言技能的发展找到合适的平台，培养学生的语言实践能力和对语言的感悟力和创造力。

（二）培养学生语言能力和文化素养

随着语言教学的改革与语言文化研究的深入，人们对外语教学本质达成一种共识，即脱离了文化教学的纯粹语言输入，很难培养出具备高文化素养、能够进行跨文化交际的外语人才。外语教学界普遍认为，知识指外语语音、词汇、句型和语法等方面的知识；能力一般指外语交际能力和文化素养。长期以来，大纲将重点放在语言知识的传授上，或认为知识的传授会使能力自然生成，导致对能力和文化素质培养的忽视。然而，学习外语的终极目的是获得运用外语进行交际的能力。尽管语言知识的学习和吸收将为获得这种能力打下基础，但是若将语言和其背后包含的文化因素强行分离，不将这些知识运用于实践，就无法促进语言知识的技能化和学生文化素养的提升。在之后的英语教学实践中，大纲不再过分强调语言的工具性，而是加入了对人文素养的要求。语言具有文化载蓄功能，语言本身就是完整的文化系统。外语教学所要求的培养学生应具备用所学语言进行跨文化交际的各种素养，绝不是只限于口头的理解和表达能力，还包括书面语的理

解和表达能力，要求语言习得者不仅要具有听、说、读、写、译能力，还要有社会文化的适应能力，即在使用第二语言进行交际时所具有的社会文化领悟力和应变能力，这是外语教学中跨文化交际能力形成的关键。

二、课程设置的科学合理

根据《课程要求》中的教学目标，各大高校应该进行英语课程的改革，根据本校实际情况，把综合英语类、语言技能类、语言应用类、语言文化类和专业英语类等英语必修课程与选修课结合在一起，方便不同英语水平的同学都能有效得到英语综合能力的培养和锻炼。《课程要求》还强调，不应仅将大学英语课程看作一门工具课，还应将其当作拓展知识面，了解世界人文风俗的文学课，注重其人文性。所以，在做英语课程设计的时候，教师需要适当加入英语文化知识的课程。在课程结构上，大学英语不应该仅仅被设定为一门公共基础课，应设置由“必修课＋限选课＋任选课”构成的多元化大学英语系列课程，坚持必修课和选修课平衡、输入和输出平衡、语言与文化平衡。通过高质量的语言输入，多样性的学习活动和渐进性技能转换训练，有效地提升学生的英语使用技能、跨文化能力、自主学习能力和综合文化素养等通用英语技能；语言课程需要从本土型向国际型转变，大学英语课程体系的设计应该是科学的、系统的、符合学生个性化要求的。课程体系的“科学”属性是指它要符合教育规律，特别是外语教育规律；“系统”是指课程体系内的各课程既各自独立，又相互联系，共同组成一个完整、互相促进的体系；“个性化”强调以学生为主体，尊重个性、发展个性、因材施教。也就是说，大学英语课程体系的构建应考虑到培养目标、学生层次、知识体系的系统性和学生个性化的发展需要等方面；还应该涵盖英语基础知识的掌握和应用、英语语言运用技能的培养、实用英语应用能力的培养、英语国家社会文化知识的学习以及专业英语的学习等。

因此，在设计大学英语课程时，必须充分考虑到学生的个体差异，为不同起点的学生提供个性化的学习环境，既要照顾那些起点较低的学生，也要为那些基础较好的学生创造提升的机会；不仅要帮助学生打下坚实的语言基础，同时也要培养他们在实际应用中的听说能力，从而提高他们的语言水平；做到确保学生在整个大学期间的英语语言水平稳步提高，同时提供个性化的学习方案，确保满足不同专业学生的发展需求。

三、教学模式的主次定位

《课程要求》对我国当代的大学英语教学模式也提出了更高的要求。《课程要求》提出：各高等学校应充分利用现代信息技术，采用基于计算机和课堂的英语教学模式，改进以教师讲授为主的单一教学模式。新的教学模式应以现代信息技术，特别是网络技术为支撑，使英语的教与学可以在一定程度上不受时间和地点的限制，朝着个性化和自主式学习的方向发展。

（一）培养学生自主学习能力

在研究成功的英语学习者时，人们发现主观努力是其成功不可忽视的因素。教师也深刻认识到这一点，明白他们在教学中应该是帮助者，而不仅仅是知识传播者。语言学习的最终目标是“授人以渔”，而不是“授人以鱼”，让学习者由过去接受知识的被动者转变成构建知识的主动者。学习上角色的转变将使学习者在学习过程中通过主动地探索、思考来建构认知结构和认知策略。自主学习是指学习者具备管理自身学习行为的能力，包括制定明确的学习目标、计划、学习方式；学习过程中有很强的自我监督能力，保证学习计划的顺利实施，从而实现学习目标，同时还要时刻做好自我评估，及时改正学习过程中的不足。提升大学英语课堂教学效果的另一重要途径便是培养学生自主学习的能力。在培养学生的自主学习能力上教师要做好以下三个方面：一是要指导学生充分了解自己的英语水平现状；二是指导学生对症下药，逐步克服自己的劣势和壮大自己的优势；三是指导学生正确地进行自我评价。教师可以细化学生学习英语的技能，分别找出影响自主学习能力的原因，找到改进的途径。教师在向学生介绍具体的评价方式的同时，要使学生认识客观的评价标准，懂得学习中的某些停滞和挫折是语言学习的必然过程。这将有利于学生克服焦虑，建立信心和成就感，并在英语学习中逐步形成较强的自主学习能力，并受益终身。

（二）基于信息技术充分利用新的教学手段

在英语教学领域，借助多媒体技术和计算机辅助语言教学已成为一种不可忽视的趋势。通过采用多媒体教学，可以优化英语教学结构，为学生提供更加优越的学习实践环境，从而全面提升课堂教学效率。多媒体融合了文字、图像、影像、声音和动画等多种元素，实现了高度互动的学习效果。其所构建的场景比起录像、幻灯片更具生动性，形象逼真、趣味新颖，易于呈现教学的重点和难点，为学生提供了更多的语言实践机会，符合英语教学的交际性和实践性等特点，使教学活动更加直观化、形象化，对于培养学生的学习兴趣和提高英语素质具有积极的促进作用。多媒体技术的广泛应用为教学提供了多样化的训练方式，从而极大地增加了课堂信息的容量，进而实现了教学效果的最优化。英语教师可以利用互联网这一庞大的信息库，与全球同行交流，获取最新的国际英语教学发展动态，分享最新的教学资源和科研成果，下载软件来丰富教学手段，获取资料来丰富教学内容。引导学生积极参与国际交流，借助互联网平台推动语言习得水平的提升。互联网为学习者提供了丰富多彩的英语语言学习资源，从而极大地改善了英语学习的条件，同时也缩小了我国与英语国家之间的距离。互联网上有很多英语教育信息及网络资源。我们可以通过访问英语国家的网站、订阅免费的英语杂志、浏览英语教学网页、登录英语教学论坛、阅读英语教学期刊、前往英语聊天室与外国朋友进行直接交流。这些措施能够有效地激发学生对英语学习的热情，培养他们的自信心，从而提高教学效果。

第二节　英语教学的原则

一、以学生为中心

我国传统教学遵循的是以教师为中心的模式，教师在课堂上往往采用“三统一”的形式，即统一上课时间、统一上课进度、统一课程考试，这就完全忽视了学生之间存在的差异。学生与学生之间在性格、思维方式、学习兴趣、能力基础等方面都不尽相同，且这些差异还会随着时间与地点的变化而变化。为此，现代英语教学倡导以学生为中心的教学理念，这也是现代英语教学与传统英语教学存在的最大区别。以学生为中心的教学理念真正尊重了学生学习的主体地位，要求所有的教学和学习活动都应围绕学生的实际需求开展。

以学生为中心的理论最初源自美国教育学家杜威（Dewey）的“儿童中心论”。杜威认为，儿童具有自由的天性，尊重这种天性对儿童的发展具有重要的积极作用。反映到教学上，尊重学生的天性就是尊重教育的自然规律，这必然有助于学生学习的进步。具体来说，以学生为中心，要求教师要正视自己在教学中的主导作用，要把自己的教建立在学生的学之上，一切教学工作都要围绕学生的学习展开。总之，以学生为中心的教学理念应体现在教师教学的各个环节。具体分析如下。

（一）制定切实可行的教学方案

教学方案是各项教学活动顺利开展的依据。以学生为中心要求教师需根据学生的语言接受水平和语言运用能力来制定合理的英语教学目标，教学任务、教学计划、评定方法等。如果教学方案本身不具体可行，教学效果的提升和学生学习的进步就无从谈起了。

（二）认真备课

教师只有进行充分的备课，才能将教材上的知识和自己的实践经验有效地传授给学生。教师在备课时要充分考虑到学生的实际情况，不能脱离学生盲目地备课。为了充分了解学生的学习情况，做到备课有针对性，教师可以使用各种手段，如座谈、课堂提问、作业、测试等。此外，教师在设计教学活动时需要有一定的灵活性。根据学生的学习水平、接受能力、学习方法、学习风格和学习态度等随时进行调整。总之，教师在备课中要善于换位思考、发散思维，从学生的角度出发，尽量让绝大多数的学生参与进来，努力让学生成为课堂教学活动的主体。

（三）认真分析教材

教师在对教材进行分析时，应对教学内容进行充分的理解和把握：根据学生所处的不同阶段的实际情况与学生的学习能力来调整教学目标和教学任务；根据学生的需要对教材内容和活动进行最优化处理，使教材与学生的经验建立起联系，把教材内容变成问题的链接和师生对话的中介，使教材的作用真正发挥出来。

（四）采用适当的教学手段

以学生为中心的原则要求教师要根据学生的特点，灵活选用各种教学方法和手段。例如，直观的教学方法有助于学生直接感受和理解语言，通过视、听、说加深印象、强化记忆，激发学生参与的兴趣；形象化的教学手段则可以适应学生的直觉思维特征。因此，教师要注意选择能激发学生学习兴趣和好奇心的媒体，如幻灯片、投影、模型、录音、图片等，使学生能出于自身的需求积极主动地参与课堂学习，自然地感知语言。此外，教师还要善于利用课堂空间设置和模拟各种场景，激发学生兴趣，调动学生参与课堂活动的主观能动性。

（五）教师充分发挥自身的主导性作用

强调以学生为中心绝对不是否定和排斥教师在教学过程中的重要作用。正如杜威认为的，在以学生为中心的教学模式中，教师甚至发挥着比在传统教学中更为重要的作用，也需要付出更为艰辛的劳动。具体来说，在以学生为中心的教学过程中，教师是教学的主导者，充当着指导者、协调者、顾问等角色，其主要作用在于帮助学生加速学习进程。当学生遇到困难时，教师要及时给予帮助，使学生的困难在第一时间得以解决；当学生面对困难不知所措时，教师要及时引导，帮助学生找到解决的办法；当学生愿意接受学习任务且跃跃欲试时，教师应该给予更多锻炼的机会，激发其学习的兴趣和动机；当学生的学习热情不高时，教师要及时予以鼓励；而当学生在学习上取得成绩时，要及时向学生提出更高的要求，使学生始终明确学习目标，不断努力。

二、循序渐进

中国学生大都是在汉语的环境中长大，无论是对英语学习的兴趣还是能力，都有一个逐步培养和提高的过程，不能一蹴而就。因此，英语教师要有耐心，逐步提升学生的英语水平。遵循循序渐进原则，需要做到以下三点。

（一）从口语过渡到书面语

英语包括口语和书面语两种形式，但是从语言的发展史来看，口语的发展远远早于书面语。这是因为人类在几十万年前从学会劳动的时候起，就开始说话，但是那时候人们还不会写字，文字的出现要晚得多。可见，在英语中，口语是第一位的，书面语是第二位的。因此，英语学习也应从口语开始，然后逐渐过渡到书面语。此外，由于口语里出现的词汇大都是日常生活用语，句子结构也相对简单，与书面语相比更容易学习，因此，通过口语的学习，学生可以很快掌握与日常生活相关的交际语言，迅速提高交际能力。

（二）从听、说技能过渡到读、写技能

通过英语课堂中的听、说教学，学生可以学到正确的语音，掌握基本的词汇和基本的句子结构，从而为读、写能力的培养奠定基础。英语教学从听开始也符合中国英语教学的实际情况，因为对于绝大多数中国学生来说，他们都缺少英语的语言环境，而“听”便成了他们获取英语知识和纯正的语音语调的唯一途径。学生也只有具备了一定的听力能力，才能听清和听懂别人说的英语，才能自信地用英语与别人进行交谈。因此，在整个英语教学过程中，尤其是在学生学习的初级阶段，教师在每节课中都要尽量为学生创造良好的语言环境，培养学生听的能力，并在此基础上，结合相应的听力内容，循序渐进地培养学生的口语表达能力。

当然，听、说、读、写、译作为英语的五项基本技能，是需要全面发展的，但在英语初级阶段的学习中，特别是起始阶段，教学应先从听、说入手，然后在此基础上进一步培养学生的读、写、译的能力。

（三）深化语言知识与技能

在英语学习中，学生对一个语言项目的掌握不可能一次完成，而是需要进行多次的学习，而且每一次都是对前一次的深化。例如，关于名词的单复数问题，在开始阶段教师只是要求学生知道在英语中名词有单复数形式；随着学习的逐渐深入，教师要使学生了解规则名词复数变化的规律；最后再掌握不规则名词的复数形式。此外，在具体的课堂教学中，教师应该注意在学生已有的语言知识和已经熟悉的语言技能基础上，讲授新的知识，培养新的技能，在讲授新知识的同时还必须复习前面所学内容。

三、激发兴趣

兴趣是最好的老师，是推动学生不断前进的最强有力的动力。

对于学生来说，英语学习的兴趣在很大程度上决定着英语学习的成功与否。从表面上，我国学生在英语学习中似乎大都很消极，不主动。实际上，很多学生一开始对英语学习并不排斥，这是因为他们对于英语学习具有天然的兴趣，对异国文化也抱有强烈的好奇心。很多学生之所以对英语学习失去兴趣，英语水平迟迟得不到提高，在很大程度上是由于传统的教学理念出现偏差、教学方法不当，考试体系不科学等。因此，若想真正提高教学质量，必须首先从源头抓起，努力激发和培养学生学习英语的兴趣，为英语学习注入动机和活力，这样教学效果的提高也就指日可待了。为了激发学生的学习兴趣，教师可以在以下五个方面做出努力。

（一）了解学生感兴趣的问题

教师只有了解了学生真正感兴趣的问题，才能够因材施教。教师在日常教学中要注意发现和收集学生感兴趣的问题和事物，并把它们作为设计课堂教学活动的素材。例如，在英语教学初级阶段讲授英文字母时，教师可以编排英语字母体操来调动学生的积极性。又如，在讲授单词 smile 及其近义词时，教师可以让学生示范各种笑的表情，如大笑（laugh）、咯咯笑（giggle）等，这样不仅学生的学习积极性被充分调动起来，学生的表演欲望也得到了激发，课堂氛围也活跃轻松。学生在轻松的课堂气氛和课堂活动中就掌握了单词及其含义与用法。

（二）了解和鼓励学生的进步

教师在教学过程中要时刻注意发现学生身上的闪光点，善于发现学生学习取得的进步，并适时鼓励和表扬，这不仅有利于培养学生的学习兴趣，还可以培养学生的自信心和成就感。例如，在英语教学中，教师可以通过采用荣誉激励、奖品激励、任务激励、情感激励等多种方式，对学生所取得的进步给予鼓励，以激发学生积极参与、大胆实践，体验成功的喜悦，而兴趣也在这种激励中被逐步培养起来的。

（三）深挖教材，培养学生学习英语的兴趣

以学生为中心的教学理念要求教师认真分析教材，教材也是帮助教师培养学生学习兴趣的一个有效工具。教材本身在英语教学中起着举足轻重的作用，是教师教学和学生学习的重要资料来源。教师要想最大限度地调动学生的积极性，可以在备课时认真研究教材，挖掘教材中的兴趣点，保持每节课的新鲜感，保证教学的内容和活动能让学生感兴趣。这样，教材里的知识不再是枯燥无味的，学生不再是被动地接受教师灌输的知识，而是成为主动学习者。

（四）改变传统的英语教学

传统英语教学的一个弊端就是教学方法单一，太过强调死记硬背和机械操练，这是影响学生学习兴趣的一个不利因素。虽然一定的死记硬背和机械操练在基础英语学习中是不可缺少的，但是此类活动千万不能太多。因为过多的机械性操练很容易导致教学的死板与乏味，从而使学生失去对英语的学习兴趣。因此，在现代英语教学中，教师应做到教学手段的多元化，并努力创设知识内容、技能实践和学习策略需要的情境，以开发学生学习英语的思维，帮助他们加速英语知识的内化过程，使他们能够在英语交际实践中灵活运用听、说、读、写、译的知识与技能，最终使英语知识变为自己进行交际的工具。通过此种教学方式，学生不仅能够获得交际能力的提高，而且综合素质也会得到相应的提高，学生的学习兴趣也会因良好的学习效果而得到巩固与加强。

（五）完善传统的英语教学评价方式

传统英语应试教育中的评价方式对学生英语的学习兴趣在很大程度上也有着消极的影响。要想避免这种消极影响，应逐渐改变评价方式。基础英语课程的评

价应以形成性评价为主，采用的操作方式也应该是学生在平时教学活动中常见的，重视学生的态度、参与的积极性、努力的程度、交流的能力以及合作的精神等。除形成性评价外，针对学生不同阶段的考试可以采用笔试与口试相结合的方式。这两种方式所考查的知识点不同，笔试主要考查学生听、读的技能以及初步的写作能力，口试主要考查学生实际的语言应用能力。

四、真实性

学生学习的最终目的是交流，因此所学的教材内容自然要尽量遵循真实性原则。对于英语教学内容真实性问题的讨论最初源于 20 世纪 70 年代。此后，学者对真实性问题的探讨逐渐深入，下面我们对这些观点进行具体分析。

（一）采用语用真实的教学内容

教学内容不仅包括课文，还包括例句、课内外训练材料和练习等所有供学生学习的材料。真实的教学材料对学生的学习十分有益，它可以让学生接触真实自然的语言，了解交际话语和背景文化，并能在课堂活动和社会交际之间建立联系，使学生领会到所学习的语言材料就是现实生活中可能发生的语言交际。这样，他们就会有学习英语的主观动机。为此，在开始授课之前，教师要从语用角度出发仔细分析文本，既要分析语句的结构含义，又要抓住句子的语用含义，弄清句子运用的实际语境，理解和感受句子所蕴含的感情、观点、用意、语气等。正确地掌握文本全部句子的实际语用含义，还要精选语用实际的教学例句以及课内外的习题供学生进行学习和练习。这样一来，在教学准备阶段就开始明确地指向语用教学，以培养学生语用能力为目标，确保学生获得真实的英语运用能力。

（二）设计或组织语用真实的课堂教学活动

英语课堂教学是通过呈现、讲解、例释、训练、巩固等一系列的课堂教学活动来完成的，这些课堂教学活动都要与语用能力培养密切相关。对学生语用能力的培养要贯穿于英语教学的全过程，融于语言学习各环节的学习和训练之中。例如，在进行呈现和讲解时，教师不仅要呈现、讲解教学内容的真实语义，还要明确呈现、讲解教学内容的语境和言外之意。此外，释例环节中所有的例句要语义真实，语境和语用意图也要真实。总之，进行训练和巩固时不仅要进行真实语义的训练和巩固，而且要关注如何在恰当的语境下表达恰当的语用意图，这样才能帮助学生真正提高交际能力。

（三）努力实现学习环境的真实性

有观点认为，课堂教学本身就缺乏真实性，因为它不可能提供完全真实的社会交际场景。这种观点本身就是不正确的。众所周知，我国学生大都没有出国学习的机会，因此，也就缺乏完全真实的语言学习环境，况且第二语言学习本身就不可能与母语习得完全一样。因此，在我国学生学习英语主要是通过课堂教学进行的。但正是因为这样，教师更要充分利用课堂这一场所，有效实现英语教学目标。实际上教室本身就可以是一个真实的语言学习与交流场所，它能不能充分发挥应有的作用就在于教师是否能将课堂教学营造为有利于学生学习的环境，是否能真正调动起学生的学习兴趣。例如，教师可以充分开发课堂教学的潜力，结合学生的实际生活，设计各种学生感兴趣的活动，将枯燥的教师“一言堂”的讲授模式转变为师生共同交流、互相学习的模式。这样不仅可以鼓励学生积极参与，使学生提高因主动学习取得成功而带来的自信心，而且能引导学生融入各种角色，实现角色代入，为学生将来的真实交际打下坚实的基础。

（四）编排语用真实的教学检测评估方案

教学检测评估在教学中发挥着巨大的反馈作用。通过语用真实教学检测评估的设计与安排，教师能够找出学生在语用能力上存在的不足，以便有的放矢地进行教学调整与完善，尤其对于有关学生语用能力发展的教学而言，能够起到更加直接有效地训练学生英语应用能力的作用。应当注意，教学检测评估方案不仅应遵循检测的基本原则，更应关注检测的作用；要语义真实，更要语用真实，否则就会误导学生，不利于学生语用能力的培养。教学检测评估方案实现了语用真实，将指导学生更加主动、有意识地去掌握所学知识的真正语用内涵，使他们积极主动地去学习和发展自身的语用能力。

五、交际性

学生学习语言的最终目的是交际，这也是我们强调真实性原则的重要原因。遵循真实性原则的最终目的是为学生的交际营造一种真实的氛围，切实提高教学效果。培养学生的交际能力是英语教学的首要目标。教师在教学过程中要时刻关注英语的交际性，将交际性原则贯彻到实际教学中。教师要教学生运用所学的语言知识在不同的场合，对不同的对象进行有效得体的交际。具体来说，教师在英语教学中应努力做到以下四点。

（一）正确认识英语教学的性质

要想落实交际性目标的要求，教师首先需要认清英语教学的性质。英语教学是一种针对听、说、读、写、译等各项技能的培养型课程，教、学、用三个方面是一个有机的统一体，这三者之间是一种相辅相成的关系，其中“用”在这三个方面中处于核心地位。使用英语进行交际的能力是在使用的过程中培养出来的，只有理论没有应用，很难达到预期的目标。因此，在教学中应加大英语使用的力度。

（二）把英语视为一种交际工具

英语是一门交际工具型学科，可实现与他人的成功交流。英语教学的目的就在于培养学生运用这一交流手段的能力。交际工具的运用能力的形成在于运用，英语教学中的交际性原则不仅要求教师把英语当作交际工具进行教学，而且要让学生把它当作交际工具进行学习，同时还要师生在课堂上、课后都能把它当作交际工具运用。

在教学过程中，应努力实现英语课堂教学的交际化，即实现教学活动与英语交流的紧密结合。英语教学中，教师不是简单地传授知识，学生也不是简单地接受英语知识，更重要的是通过实际的交流活动，培养学生运用英语交际的技能。教师在教学中应尽可能地使用教具，给学生创设恰当的英语交际场景，帮助他们在使用交际交际时做到实实在在、真真切切地操练。从而让学生既能学到知识，同时又进行了练习，获得事半功倍的学习效果。

例如，教师从开始教学，就拿着轿车模型或图画说 a car，让学生边听边看，几遍以后，学生就能把 a car 和轿车联系起来。然后，教师要求学生反复指着轿车说 a car，要说得滚瓜烂熟，直到看到轿车就能脱口而出地说 a car。这样学生的印象加强之后，即使在走路时，一看到路上的轿车，他们也能不自觉地说出 a car。学生用英语进行交际的能力就是这样一点一滴、从简到繁逐步培养起来的。从学习英语的第一天起就这样做，教师和学生都不会有太大的困难；往后要一直坚持下去，循序渐进，到了高年级，教到比较复杂的故事课文时，教师可以利用连环画或其他手段，通过反复的口头训练和笔头训练，让学生在课堂上复述故事的梗概，也可以在课外复述给同学听，以相互促进。

（三）结合学生的生活来选择教学内容与活动

语言总是与现实生活密切联系的，在进行英语教学时，现实生活因素也需要考虑。教师应把语言和学生所关心的话题结合起来，给学生提供足够的内容丰富、题材广泛且贴近学生生活的信息材料，这样的材料具有一定的现实性，很容易引起学生的共鸣，这样能调动学生的兴趣，也能促使他们认识到学习英语的目的在于交际，而不是为了应付考试。

（四）在教学中创设交际情境

在传统的英语教学中，很多教师只偏重语法结构的教学，学生通过这种学习并不能具备良好的英语交际能力。要想让学生具备使用英语进行交际的能力，应在英语教学中积极创设情境，开展多种形式的交际活动，以此来提高学生英语语言应用的能力。情境包括时间、地点、参与者、交际方式、谈论的题目等要素，在某一特定的情境中，某些因素，如讲话者所处的时间、地点以及本人的身份等都制约着他说话的内容、语气等。此外，在不同的情境中，同样的一句话也可以表达不同的意义和功能。例如，“Can you tell me the time？”这句话可能表示的意思就有两种：一是可能质问他人为什么迟到，是一种责备的口吻；二是向别人询问时间，是一种请求的语气。

因此，在英语教学中，只有把教学的内容置于一种有意义的情境之中，才有可能让学生充分理解每一句话所表达的意思。这就要求教师在设计英语教学活动时要充分结合教材的内容，利用各种教具，开展各种情境的交际活动，这样对学生和教学都会产生有利的影响。此外，教师也可以设计任务型活动，让学生通过完成特定的任务来获得和积累相应的知识与经验。需要注意的是，这些活动需要具有交际的性质，才利于交际目标的完成。

六、情感性

心理学研究表明，人的一切活动都伴随着一种情感体验，而情感体验反过来对人的活动也有一定的促进作用。学生如果有愉快的情感体验，就会积极地去进行相应的模仿并反复进行；反之，如果有不愉快的情感体验，就会出现行为停滞或改变的趋势。因此，英语教学要关注积极的情感体验对教学的重要作用，坚持情感性原则。教师应真正热爱英语教学工作，真正关心自己的学生，并在此基础上运用心理学的理论和方法，有意识地激发和调动学生学习英语的积极情感因素，增强学生学习的自信心、主动性和目的性，提高英语教学效果。具体来说，教师在教学过程中关注情感要做到以下两点。

（一）营造轻松愉悦的教学环境

①要建立相互尊重、相互理解、相互信赖的新型师生关系。教师应该做到仪表大方、笑容可掬、和蔼可亲，保持在学生中的威望。教师既要充当学生学习上的指导者，又要做学生生活中的朋友。在学习上，教师要及时了解学生遇到的挫折，帮助他们总结经验教训、克服困难，树立学习的信心；在生活上，教师要时刻注意学生的思想动态、家庭情况，必要时对其进行心理指导。

②营造激发学生学习动机和兴趣的轻松愉悦的学习氛围。上述我们提到，兴趣是学习活动中最直接、最活跃的推动力。学生对学习的兴趣既可以转化成一种稳定的动力，又可以启迪智慧、促进学生智力的开发、挖掘学习潜能、实现学习能力的提高。在教学过程中，教师要注重对学生英语学习兴趣的培养，将学生的学习兴趣、学习态度以及自信心的培养放到英语教学的首要位置，这样才能切实促进学生身心的全面健康发展。

除此之外，是否有很强的学习动机也是影响英语教学效果的重要因素。假如没有很强烈的学习动机，不管是对于听、说、读、写、译能力的培养，还是对于英语知识的学习，都无法取得很好的成效。创设情境就是激发学习动机一个重要因素，因为没有特定的社会情境，就没有语言的交际活动。

（二）培养学生积极的情感态度

对于如何在英语教学中培养和发展积极的情感态度，下文提出了两条建议供教师参考。

①结合学习内容讨论情感问题。在日常的英语课堂教学中，教师要注意融入对学生积极的情感态度的培养，针对学生学习过程中出现的具体问题进行针对性的引导，帮助学生解决情感态度方面的问题。

②建立情感态度的沟通渠道。情感态度的沟通和交流渠道可以通过教师在课堂教学中建立起来，如建立融洽、民主、团结、相互尊重的课堂氛围等。有些情感态度可以集体讨论，有些问题则需要师生之间进行针对性的单独探讨。但在沟通和讨论的过程中，教师要尊重学生的感受，避免伤害学生的自尊心。同时，情感具有外在和内在的表现，教师要仔细观察，了解学生的情感态度，以培养学生积极的情感，消除消极的情感。

七、文化导入

我国的英语教学将培养学生的英语交际能力作为教学的重点，而成功的交际既需要语言知识，又离不开文化知识。语言是文化的载体，语言离不开文化，语言也不能脱离社会而存在，它是每个民族文化、风俗习惯的一面镜子，也是文化的表现形式。因此，文化导入也是英语教学的一个重要原则。在进行英语教学时要重视英语国家的民族文化和社会习俗，帮助学生了解中西文化差异，扩展视野。在英语教学活动中，我们可以从以下四个方面来进行文化教学。

①利用教材渗透多元文化，注意捕捉教材中的文化信息。在教材的处理上，教师可以结合课本内容，不断拓展，引出相关的文化信息，提高学生的英语文化知识水平。

②运用真实的情境讲授文化知识。教师要在课堂上深入浅出地引导和讲授文化知识，创造浓厚的语言文化学习氛围。同时，所讲授的文化项目应该与日常交际密切相关，以提高学生的实际应用能力为方向。

③认真分析中西文化的差异。教师在日常教学过程中，应加强中西文化的对比，让学生充分了解不同文化之间的差异，促使学生以博大的胸怀接纳不同文化带来的冲击，以减少跨文化交际中不同文化差异所带来的误解。

④充分利用多媒体与网络进行教学。大部分电影和录像片的内容本身就是一种文化某个侧面的缩影。教师可以充分利用网络和多媒体资源，让学生多看或多听一些与英语国家有关的文字或影像资料，这也是一种学习外国文化知识的重要方法。这些录像、电影等都能真实地记录和反映该国家的历史、地理、风土人情、生活习俗等文化信息。

第三节　英语教学的评价

一、英语教学评价的意义

（一）对教师的意义

1. 及时获取反馈信息，适时调整教学计划

在教学过程中，及时获取必要的反馈信息对于教师而言十分重要。例如，在教师讲解完生词以及生词的语法要点之后，学生的表情和眼神就是对教师讲解内容的反馈。如果大部分学生表情镇定，眼神露出自信，就说明他们已经基本了解和掌握所讲内容；如果大部分学生表情凝重，眼神躲闪，则说明他们并没有理解

所讲内容，教师就需要重新讲解。再如，学生练习的正确率也可以为教师提供反馈信息，如果大部分学生的正确率都很高，就说明学生基本掌握了课堂上教师所讲解的内容，教师也就可以进行下一个内容的讲解了；如果大部分学生都没有做对，则说明学生并没有很好地掌握课堂上教师所讲解的内容，教师就有必要重新讲解。

可以看出，及时、全面的信息反馈对于教师的教学活动至关重要。根据反馈信息，教师可以适时地调整教学计划，有针对性地合理安排教学活动，进而最大限度地提高教学的有效性。

2. 充实教学经验，提高教学技能

教师的教学意识及教学行为直接影响着教学的效果和质量。有效的教学行为越多，教学的效果就会越好。要想增加有效的教学行为，就需要教师有丰富的教学经验和较高的教学技能，而教学评价正是帮助教师丰富教学经验、提高教学技能的有效途径之一。例如，通过学生评价和自评，教师可以发现自己的优点及不足，明确教学中应该努力的方向，从各方面吸取教学经验，提高教学技能。

3. 拉近师生距离，优化教学环境

教学评价还能消除师生隔阂，拉近教师与学生之间的距离，优化课堂教学环境。因为在自主的教学评价中，教师会给学生发表教学意见和建议的机会，这样学生和教师就能充分地交流，更充分地了解彼此，进而就能改善师生关系，增进师生感情。师生关系的亲密化能进一步促使师生之间相互鼓励、相互支持，进而一起营造一个宽松、和谐、民主、充满活力的教学氛围，而这样的教学氛围自然能消除学生学习的紧张情绪，使学生充分发挥自己的学习主动性和积极性。

4. 为教师教学研究提供材料

教师的主要工作不仅是认真教学，还要踏实地做研究。如果教师只教学而不研究，那么教学就会缺乏推进力，教学水平也就难以提高。教学评价就是研究教学的突破口，通过连续不断的教学评价，教师可以清晰地认识自己的教学情况，并准确把握学生的学习情况，还能积累大量与教学有关的经验，这些经验对教学研究具有重要的意义，能为教学研究提供丰富的实践依据，并能指明教学研究的方向。

（二）对学生的意义

1. 发现自己的不足，及时进行改进

在教学评价中，学生可以及时发现自己学习中的不足，进而对其进行分析，调整学习计划、改变学习方法、提高学习效率，使自己成为优秀的学习者。

2. 了解学习过程，积极主动学习

在学习过程中，很多学生都将注意力放在学习结果上，而忽视了学习过程。实际上，过程要远比结果重要，无论做任何事，如果没有过程也就不可能有结果，过程对结果有决定性作用。英语学习也是如此，学习成果的取得要靠学习过程的积累，而有效的教学评价可以将学生的注意力转到学习上来，能够引导学生了解自己的学习过程。一旦学生对自己的学习过程有所了解，就会积极主动地学习，并能自觉监督自己的学习行为。

3. 了解自己的进步，获得成就感

教学评价使得学习过程变成了可视的事物，通过对学习过程的审视，学生可以清晰地看到自己的学习轨迹和取得的进步，这样学生就会产生一种满足感，获得一种成就感和自豪感，进而学生学习的自信心、学习的动力就会增加，学习的积极性也会提高。

二、英语教学评价的分类

（一）诊断性评价

诊断性评价也称“教学前评价”或“前置评价”，是为了使课堂教学与学生的需要、特点和背景相适应，而对学生在教学中的行为表现进行的诊断。这种问题的范围比较宽泛，既包括学生课堂行为中的问题，也包括学生语言掌握和使用中的问题。在英语学习过程中，学生会遇到各种问题，如在课堂上存在听不懂、走神等问题，在情感上存在对教师的接纳程度、心情好坏、与同学的关系等问题。因此，教师首先要了解学生的问题所在，并进行记录，然后从理性的角度来寻找解决方法。除了每月测试的分数能体现学生的学习情况之外，学生对某一主题项目的完成记载以及教师与学生家长的交谈结果也能体现学生的学习情况。通过获取的信息，教师可以得到反馈从而了解学生的具体学习情况，发现学生学习中的详细问题。据此设计适合学生的学习活动，满足学生的学习需要，解决学生的学习问题。同时，学生也能根据自己的问题调整学习方法，产生积极的学习动力。诊断性评价的方式有很多种，如精心设计的测验、教学中对学生的提问以及学生的回答等都是有效的诊断性评价方式。

（二）形成性评价

形成性评价是指在教学过程中，为了确保教学活动效果而修正教学活动计划所进行的评价。其主要目的是明确教学活动中存在的问题，并据此明确改进方向，对活动进行及时的调整，以确保活动达到理想的效果。可以看出，形成性评价注重评价的过程，可以为学生提供必要的信息反馈，从而促进学生巩固其学习。它还能够帮助教师了解学生学习状况，进而及时帮助学生调整学习计划。因此，这一评价方式颇受教师和教育理论工作者的青睐，已成为英语课堂教学的重要组成部分。形成性评价的方式有很多，如常见的采访、座谈及对学生学习研究报告的评论、分析研究结果等。

（三）总结性评价

总结性评价又称“事后评价”，是指在教学活动结束时为把握最终的活动成果而进行的评价。例如，学期末或学年末各门学科的考核、考试就属于总结性评价，其目的是检验学生的学习是否达到了教学目标的要求。可以看出，总结性评价强调教与学的结果，借此对学生所取得的成果进行鉴定和区分，进而评定整个教学方案的有效性。例如，根据学期末考试成绩，教师可以发现学生学习中的问题以及自己教学的不足，从而据此不断改进教学活动，以提高教学效率；学生可以对教师学期和学年的任课情况进行网上评价，教师之间也可以进行互评，以帮助学校对教师进行综合评价。

（四）起点评价

起点评价与总结性评价正好相反，起点评价一般是在学期或学年刚开始进行的评价，其主要目的是了解学生的基本学习情况，为建立良好的集体奠定基础。这一评价方式要求教师在较短时间内对每个学生的学习特点和性格有一个初步的了解，以促使课堂教学的积极进行，同时发现具有突出特点的学生，让这部分学生在今后的教学中辅助教师进行工作，以提高教学的效果。

（五）教学性评价

课堂教学就如同一个小型的社会场所，教师就是这个社会中的领导人，引领着学生在不同层面上交往，并一起建立一个良好的学习环境。要想真正建立一个和谐、进取的教学环境，除了需要教学纪律、秩序和师生的合作，还需要教师进行教学性评价，具体包括两个方面的内容。

①备课评估，也就是确定教什么、什么时候教、用什么材料。

②实施评估，即把握课堂教学进度，对准备好的教案和计划好的课堂活动作相应的调整。

（六）正式评价

正式评价是指事先制定完整的评价方案，并严格按照规定的内容和程序进行，并由确定的评价者进行的评价。正式评价的方式有很多，如评分、评语、家长座谈等。

针对以上起点评价、教学性评价和正式评价，有学者进行了细致的比较分析，三种评价方式的特点如表 2-3-1 所示。

表 2-3-1　三种评价方式的特点比较表

项目	起点评价	教学性评价	正式评价
目的	给教师提供学生特点方面的情况	计划指导性活动，监控教学的进展	执行官方任务，如评分、排名次等
时间控制	开学后第一、二周	学年的每一天	学年期间定期进行
收集信息方法	主要是日常观察	有目的、有计划地观察学生作业	正式考试、文章、报告，测验和作业
收集信息类型	认知，情感，心理	主要是认知和情感	主要是认知
记录方式	教师心中有数，书面记录很少	书面备课计划，监控信息，无书面记录	教师有正式记录，学校存档

上述介绍的六种评价方式之间并非完全排斥的，有时几种评价方式十分相似。在教学中，教师可依据课堂教学和学生的具体情况选择合适的评价方式，以提高英语教学的有效性。

三、教学评价的方式

（一）测验

测验是教学评价的一种重要方法，是对行为样本客观和标准化的测量。测验包括开学前摸底测试（预测）、期中测验和期末考试（后测）。如果评价的目的是了解学生认知目标的达标程度，测验则是最常用的工具。在评价其他对象时，也常常要通过对学生学业水平的测验来获得评价的间接资料。例如，当评价某种学习资源在某种教学条件下的适用性时，利用测验可以取得学生学习后的量化资料，而从这些量化资料中可以分析出该学习资源对学生学习的作用。

（二）调查

调查是一种重要的教学评价方法。就是通过事先设计好的问题，邀请相关人员口述、笔试等方式，从调查问卷中获取需要的相关信息。通常情况下，调查采取问卷与面谈相结合的方式，通过考察不仅能了解学生学习习惯与态度、学习兴趣与意图，还能及时得到教学效果和意见的反馈，以此来评判教学或者学习资源是否有效，并完善后续的教学及学习资源。调查的过程中会出现许多不确定因素，影响调查效果。拿面谈调查为例，调查双方交谈的地点、时间、接受调查者的态度、地位，以及提问的方式、问题的敏感性等，均会对调查结果产生影响。为了确保结果的合理性和真实性，需要预先精心设计，并尽量按照预先设计付诸实施。但是每次完整的调查都有许多要素，如调查目的、调查对象、调查内容、调查范围、调查方法等，而且每个要素的特征又有所不同，由此形成一个较为明显的边界。按调查目的、对象和内容等方面的差异，可以将调查划分为若干类型。

（三）观察

观察就是要从自然教育场景中去认识被观察对象。观察不同于测验和调查，被观察者与平常无异地进行学习与活动而不会觉得有什么压迫感。一切搜集到的信息从头至尾均为被观察者常态的表达，具有自然性和真实性。观察通常都是事先规定好观察目的、范围，必须清楚地知道对于将要观察到的某种现象需要设定什么样的变化条件或情境，以便被观察者能在这一具体条件下活动从而得到符合实际目的的信息。观察方法可以因研究目的、内容和对象而异。

（四）真实性学生评价

真实性学生评价是指从学生的学习实践出发，搜集他们完成每日学习任务的真实情况，根据完成情况来全面评价学生的学习和发展。该方法兴起于美国，大约在 20 世纪 80 年代后期至 90 年代初期产生，以一种全新的评价方式与思路出现，一出现就受到学者的重视。开放性、过程性、情境性是真实性评估的显著特征。从实际学习活动中搜集真实的表现资料，搜集的既是学习过程中的第一手资料，又是学生在各个方面综合表现的资料；它重视学生的亲身参与，着重考察学生的学习过程，以及其对所学内容、方法的理解和实际运用情况。所以真实性学生评价确实做到了重视、反馈和改进学习过程，并能做到全面评价学生成长情况。

（五）表现性学生评价

简而言之，表现性学生评价是指通过观察学生运用知识技能在真实场景或者模拟场景下解决问题的表现来评价其实际能力。具体而言，它是通过观察学生学习实践中的真实行为，综合评估学生的活动参与能力、动手能力、研究能力、交流合作能力、解决实际问题的能力、理解能力、知识应用能力等。

（六）档案袋评价

所谓档案袋评价指的是将反映学生一定时期学习和进步情况的材料，用文件的形式做好记录，并放入档案袋中进行汇总和保存。并根据保存的资料，定期对学生的学习过程和进步情况进行全面、客观的评价。做好档案袋评价需要师生双方共同合作。它主要由学生亲自记录，将自身在学习过程中的重要资料汇总到一起，比如，遇到的一些疑难问题，问题的处理方法、解决过程等；实验设计、实验过程；学习方法、学习策略的效果记录，单元知识总结，自我反思评价与他人评价的结果，学习成绩，参加校内外科学实践活动的过程、体会与成果，家长与教师期望等。档案袋评价能真实地记录学生在学习过程中的成长足迹，督促学生经常自我评价，反思学习方法，培养他们学习的自主性和自信心，促进综合素质的发展。

（七）发展性学生评价

发展性学生评价就是评价者根据特定的教学目标及教育价值观，在评价者和学生之间建立起信任关系，双方共同设定出发展目标，采用恰当的评价方式与方法对学生的进步和发展情况做出价值判断，让学生不断地了解自己、发展自己、提高自己，从而不断地朝着预定目标进步。发展性评价的核心理念是促进学生的发展，评价的目的、标准、内容、方式等都要以这个理念为标准。这和传统的学生评价截然不同。发展性学生评价主要有以下 3 个特征：第一，要以一定的培养目标为依据，在实施过程中要确立明确而具体的阶段性发展目标；第二，其核心目的在于帮助学生完成目标，并不在于检测与评比；第三，要重视对过程的评估，注重学生的全面发展，更要注重个体差异性，提倡采用多元化的评价方式，并重视学生的自我评价。开展发展性学生评价，其基本步骤为确定评价目标与标准；对评价工具和方法进行筛选和设计；搜集并分析体现学生成长过程与成果的信息；明确提升重点，推动学生成长，制订提升计划。

四、教学评价的原则

（一）多维性原则

所谓多维性原则就是从不同角度，采用多种手段，全方位地对课堂教学过程及其效果进行评价。这样做的好处是使评价呈现全方位、多视角等特点，评价结果更客观。多维性表现为三个方面：①从评价内容方面来讲，要兼顾到课堂教学的方方面面，其中包括从课堂教学的过程、要素、结果；学生对课堂的参与程度；

教师的授课水平等方面进行评价。但这并不意味着每一次课堂评价就必须对所有要素做出完整的评价，或者各要素在评价中占的权重相同，而是要根据评价目的有所侧重。选择评价内容时，既要兼顾评价目的、课堂教学评价总体要求，又要兼顾目前流行的教学评价理论。②从评价主体方面来讲，多维性决定了其既包括课堂教学以外的人，比如研究者、教育管理者等，又包括课堂教学中被评价的教师或者学生，同时也能兼顾同事或者同伴的评价，一改以往评价过程以他评为主，注重自评与互评相结合。③从评价方法方面来讲，多维性改变了仅以纸笔测验为主的做法，多采用观察、成长记录袋和真实性评价等手段，既注重客观、量化的评价方式，又注重量化与质性评价的结合，用质性评价来统整量化评价。量化的评价令复杂的课堂教学过程变得简单和格式化，质性评价则更加注重富于变化的课堂教学过程以及其间的真实情况。这对于被评价者来说，两者结合评价结果会更准确、更客观，更全面。

（二）过程性原则

所谓过程性原则就是改变传统评价方式更重视终结性的情况。过程性评价将评价对象的现状与它的发展变化过程相联系，变一次性评价为多次性评价。这一评价原则更加重视评价对象在学习过程中的表现，把促进评价对象发展作为评价的根本宗旨，它体现了适应社会发展需求和个人发展需求的辩证统一关系，从而把评价过程变成了一个推动个体发展、提高个体素质的过程。过程性原则具有三个基本特征：首先，它将所有教育教学活动置于评价范围内，而无论它们是否符合预期；其次，从方法论上看，它不仅主张量化研究，而且给予质性评价一定的地位；最后，其本质上受制于“实践理性”，重视过程自身价值及评价者对评价对象的沟通与理解。

（三）真实性原则

真实性原则强调，要在现实生活场景中去评价学生的成长。在真实性评价中要包含真实性的任务，也就是特定领域内可能会遭遇到的那些现实的生活场景或者挑战。学者格朗特·威金斯（Grant Wiggins）指出，真实性评价具有五种特点：第一，评价不仅指向学生的学习结果，而且指向学生的学习过程，突出评价的诊断功能和服务功能，即对学生的学习给予有效的反馈和建议，不只有选拔和区分功能。第二，重视现实生活，抑或是模拟现实生活情境，在这样真实的情境中向学生布置复杂、不确定、开放的真实性任务，已经需要将技能和知识结合在一起的活动任务。根据完成结果对学生做出评价，评价的重点在于观察学生在解决任务的过程中使用知识和技能的能力，而并非他们对知识积累的多寡。第三，需要预先制定好“量规”或者“检核表”。“量规”是标准明确地给学生的各种表现或者作品打分，或者进行登记评定的一种量化评价工具。通常来说，“量规”包括“具体的评估标准”“区分熟练水平”和“明确的反馈”这3个基本要素，应让学生事先了解评价任务和具体标准，不能如同传统测验一样事先保密。第四，真实性评价认识到个体间存在的差异，倡导针对不同学生选择不同评价方式，以期对不同学习能力、文化背景、学习风格的学生，都能做出客观评价，为其提供展现潜能和优势的机会。常规的考试评价通常忽略了学生之间的个体差异性，且更善于发现学生的劣势，忽略学生的优势；第五，评价一般融入了教师和学生的日常课堂活动中，是教师讲课、学生学习的有机组成部分。真实性评价中，评价是教师和学生的共同任务，学生已不再是测验的被动接受者，而成为测验的主要参与者，学生对评价的参与有两种——自评与同伴互评，同时这也是学习活动的一部分。

（四）发展性原则

所谓发展性原则指的是教学课堂评价以促进学生发展为中心，以观察、测量学生成绩为重点，以推动教师教学水平持续提高为目标，以激发教师转变观念、改革课堂教学为动力。课堂教学评价的目的虽然不能绕开它的检查、选拔、筛选的功能，但是它的根本目的是促进学生的发展，改进和完善课堂教学实践，具有反馈调节、展示激励、反思总结和积极导向的基本功能。因此，课堂教学评价应遵循发展性评价的原则，也就是用发展的观点客观地评价主体的变化，注重课堂教学过程评价，注重评价内容多元化、评价过程动态化，注重评价主体之间的互动，从而使评价效果最优化，实现预期的目标。

发展性原则具有如下特点：①发展性原则注重激发人们内在情感、意志和态度，注重促进个人和谐和发展，注重以人为本；②发展性原则注重评价主体的多元化，提倡让更多人尤其是评价对象成为评价主体，注重评价对象的自我反馈、自我调控、自我完善和自我认识功能；③发展性原则除了注重教学过程静态、常态因素外，更注重其动态变化因素——教师与学生之间因为情感相互作用而引起的课堂教学的偶发性与动态性；④发展性原则更加注重个性化与差异性的评价，它要求评价指标与标准具有多元性、开放性以及能反映差异性特点；信息的采集要多样化、丰富化；在进行价值判断时要重视评价对象的差异性，并采用有利于其个性发展的评价方式；⑤发展性原则除了注重指标量化外，更注重质性评价，强调以质性评价来统整量化评价，反对过分强调细化与量化指标，认为过于注重量化容易忽略情感、态度等一些不能量化而又对被评价者发展有重大影响的要素。

第三章　英语知识与技能教学探索

根据我国大学英语教学大纲的规定，大学英语的教学目标在于培养学生具备较强的阅读能力和一定的听、说、读、写、译能力，以便他们能够运用英语进行信息交流，为学生打下坚实的语言基础，掌握优秀的语言学习技巧，提高文化素养，以适应社会发展和经济建设的需求。根据大纲规定，大学英语教学的终极目标在于使学生通过学习掌握英语，从而能够有效地交流信息。本章就对大学英语的知识和技能教学进行详细介绍，从具体的知识和技能角度对大学英语的教学进行研究。

第一节　英语词汇和语法教学探索

一、大学英语词汇教学

（一）大学英语词汇教学的意义

词汇教学是英语教学的一个重要部分，又是英语教学的一个重要环节。

20 世纪中叶，随着语法翻译法和视听法相继衰落，语法教育逐渐退出历史舞台，一些以理解为目的、以交际为形式、以学生为中心的教学方法开始兴起。交际教学法的产生可以说是划分了英语教学的时代：交际教学法前是语法教学的时代，而交际教学法后则为词汇教学的时代。在词汇教学的时代，越来越多的人开始意识到词汇在英语教学中的重要作用。只有先学习与研究词汇，才能使语言表达更有效。

语音、语法和词汇是构成英语语言的三个要素。词汇是语音和语法的载体，是构成“语言大厦”的“建筑材料”。对于英语学习来说，如果词汇量不足，将难以有效地进行听、说、读、写、译，交际也就无从说起。因此，掌握足够的词汇是成功运用英语的关键。

目前，英语学界所关注的热点话题之一就是如何帮助学生巧妙记忆词汇，提高词汇教学效率，促进学生的语言学习。他们投入词汇教学研究，改进、激活词汇教学，研究新的教学方法，积极反思，旨在提高大学英语教育质量。具体来说，大学英语词汇教育有如下3方面意义。

首先，大学英语词汇教育有利于提高学生口语表达的流利性。有学者认为，多数话语都是储存在记忆中的预制语块，所以语言运用常出现重复的现象，并不总是创造性地临时根据特定的语法规则将单个词组合起来。一方面，这些预制语块往往是约定俗成的表达，有利于减少文化差异给口语带来的语用失误，所以使用广泛；另一方面，这些预制语块有利于减轻信息处理的压力，使口语表达更流畅。例如，英语国家的人受到别人的表扬和赞美时，回应时一般用“Thank you”，若学生熟悉该习惯，可有效避免受汉语思维中的自谦语影响而产生语用失误，并想到相对应的对话进而自动地做出反应。

其次，大学英语词汇教育有利于提高学生的语篇理解能力。无论在口语交际中还是在书面语表达中，发话人在表达自己讲话的思路时，往往会使用语篇标示词。这些标示词属于预制语块的范畴，有自身鲜明的特点。例如，在英语教学中，如果听到教师说“in a word”“to sum up”“as a result”等语块时，学生就知道教师要做总结；如果听到教师说“Let me start with...”“Let's start our class, what I would like to do is...”等语块时，学生就会知道教师要开始课堂教学了。借助这些常用交际语块，学生的语篇理解能力以及听力能力会有明显的提升。可见，词汇教育可以为英语教育与学生英语技能的提高奠定良好的基础。

最后，大学英语词汇教育有利于提高学生的外语综合能力。词汇是语言的基本材料，是所有语言活动根基所在。没有丰富的词汇，没有对词汇的系统掌握，就无法进行听、说、读、写、译等英语教学活动。也就是说，词汇教育的质量直接影响英语教育的质量。

（二）大学英语词汇教学的内容

1. 向学生介绍构词知识

一般来说，我们对所有事物刚开始都是一无所知的，因此必须通过学习来了解和掌握它，词汇学习也是一样，需要通过教育来实现，这是必经的过程。教师掌握了丰富的语言学知识，应该将语音规律、构词法、组合、衔接等方面的知识传授给学生，帮助他们解决在学习词汇时所面临的困难。比如，教师可向学生介绍一些构词方法——派生法、转换法、复合法、缩略法等，学生掌握了这些构词规律才能在深入了解词汇的基础上，拓展和积累更多的词汇。通过这种方式，也可以为那些孤立的单词注入生命力，协助学生记忆单词，从而激发他们对英语学习的热情。

比如，在记忆单词foremost（首要，第一的）的时候，需要先向学生介绍这个词的前缀fore-（前面，在前部的）。之后，可以延伸出更多的单词：forementioned（前述的），foresaid（前述，上述的），forecast（预测，预见，先见之明），foredoom（事先注定），forefather（祖先），forefront（最重要的地方，最前锋之位置），foregoing（前面，前述的），foregone（过去，先前的），foreground（最引人注意之地位），foreknow（预知），foreman（工头，领班），forerunner（前锋，先驱），foresee（预知），foreshadow（预示，预兆），foresight（远见，先见之明），foretell（预测），forethought（预谋，预筹），forewarn（预先警告），foreword（序，前言，引言）等。

又如在学audience这个词时，就可以向学生介绍audi这个常用的词根，意为“hearing”（听）的意思。同时，可以给出更多的由它构成的单词，让学生猜猜意思。如audible（可听见的），audiovisual（视听的），auditory（听觉的），audition（试听，听力），audiphone（助听器），auditorium（礼堂，音乐厅，演讲厅）等。

2. 在词汇教学中注重文化差异的介绍

语言是文化的重要组成部分，承载着文化的精髓，同时也是文化的折射镜。透过一门民族的语言，我们得以窥见其文化形态的绚烂多彩。作为英语中最具活力和生命力的组成部分，英语词汇是最能展现英美文化独特魅力和内涵的。通过学习英语词汇，可以深入探究西方文化的精髓。中国人通常是在母语环境下学习英语的，因此必须意识到中西方文化背景不同，英汉词汇之间存在着显著的差异；从另一个角度来看，语言是文化的产物，反映了文化的内涵。语言表达反映一个民族的特征，它不仅蕴含着该民族的历史和文化背景，更蕴含着该民族特殊的思维方式，以及对人生观念、生活方式的深刻洞察。

在讲词汇时，教师可以多讲解词汇的文化内涵，引导学生在词汇学习过程中感受到中英文化之间的差异。例如，学到phoenix（凤凰）和bat（蝙蝠）这两个单词时，单纯向学生讲解他们的意思是远远不够的，必须深入探讨它们在中英文化中所包含的不同意义。

phoenix（凤凰）在西方神话中具有“复活、再生”的意思，据说其寿命甚至可以达到500年。在生命的最后，凤凰筑起一座巢穴，高唱着挽歌，扇动着翅膀，引燃了熊熊烈火，将巢烧成了灰烬，而在这灰烬之中，又有一只崭新的凤凰展翅飞翔。凤凰有再生的意思，因此，当一座城镇、一个场所或某团体的主要建筑物在遭受火灾或其他破坏时，善良的人们会向它祈愿，希望它能够像传说中的凤凰一样，在废墟中焕发出崭新的光彩。

在中国神话传说中，凤凰被视为鸟类中的至高无上之王，其雄性被尊称为“凤”，而雌性则被赋予了“凰”的美名。尽管中国没有像古希腊那样广为人知的神话传说，然而凤凰却被人们当作一种吉祥的象征。所以，中国女性在起名时，常常会在名字中带有“凤”字，如凤莲、金凤。凤凰也比喻某种东西的珍贵、少见，如成语“凤毛麟角”。在西方文化里，bat（蝙蝠）并不受欢迎，常常被视为不祥的生物。因此，才有了英语中 as blind as a bat（瞎得跟蝙蝠一样，眼力不行，有眼无珠），“He's a bit batty.”（他有点反常），have bats in the belfry（发痴；异想天开）。甚至还有更恶劣的比喻。提及蝙蝠，人们脑海中浮现的是那些长相丑陋、凶猛异常、吸血动物的形象。但是，在中国文化中，蝙蝠象征着吉祥、健康和幸福。这些联想很有可能源自于蝙蝠这一物种的名称，即“蝠”和“福”的谐音。特别在中国古代，有些绘画或图案将蝙蝠和鹿画在一起，因其象征着吉祥、幸福、财富和权贵而广受欢迎。

3. 注重词语的搭配教学

任何语言都具有一定的内部规则，它制约着本语言系统的词语的搭配规律。词汇搭配都遵循着经济原则，试图用有限的语言形式，传达尽量多的含义。在英语中，一词多义的现象是很普遍的。所以，如果脱离了语境，通常情况下语言形式无法传达完整的意义。只有将它们按照语言的规则组合成词组或句子，并置于特定的语境和情境中，才能赋予其生命力。因此，对于英语学习而言，熟练掌握英语中的惯用搭配技巧是至关重要的一环。

在英语教学过程中，教师应当多向学生传授词汇搭配的技巧，使学生掌握词语的搭配规则，从而提高学生对英语这门语言的运用能力。当遇到一些常见的动词、名词或形容词时，必须恰当地介绍它们的搭配用法，使读者更好地理解它们的用法。如在学习“amaze”时，就要学习它的搭配“sth. amazes sb.”“sb. be amazed at sth.”“sb. be amazed to do sth.”“sb. be amazed that”同时，配以例句，例如：

His rapid progress in English amazed the teacher.

The teacher was amazed at his rapid progress in English.

The teacher was amazed to see his rapid progress in English.

The teacher was amazed that he had made such rapid progression English.

在教学中，如果同义词在意义方面难以区分，我们可以在搭配方面对它们进行区别。如accuse sb. of sth.（控告某人做某事），charge sb. with sth., prohibit sb. from doing sth., forbid sb. to do sth.（禁止某人做某事）。

4. 词的含义的教学

对于一部分词汇来说，不能简单地告诉学生其字面意思，还需要深入讲授它们所蕴含的内部含义，也就是词汇所隐藏的含义，或者附加意义。对于那些渴望熟练掌握英语这门语言的学生来说，不仅需要掌握单词的表面意义，更需要对其内在涵义有深刻的理解。因为如果缺乏对词汇内涵的理解，可能会在言语表达上犯下严重的谬误，有时会将优美的措辞误解为刻薄的恶语，导致对话者的一方或双方感到不悦；有时候，人们会错误地将嘲讽视为一种褒奖，被人偷偷嘲笑。如peasant一词，有“农民”的意思，但在英语国家那里，并不是真的指“农民”。在英语环境下，peasant与汉语中所指的“农民”有本质上的不同。在英语中，peasant暗含贬义和嘲讽之意。《美国传统词典》给peasant下定义：“乡下人、庄稼人、乡巴佬”“教养不好的人、粗鲁的人”；《新编纬氏大学词典》：“一般指未受过教育的、社会地位低下的人。”在汉语中，“农民”为名词，特指一种职业，即从事农业生产劳动的人。不管在革命斗争年代还是和平建设时期，农民都是一支重要的建设队伍，没有任何嘲讽的意味。

再如，politician和statesman这两个英语单词。politician这个词在美国英语中，往往有很强烈的贬义色彩，容易引起别人的蔑视。它指为谋取个人私利而搞政治、耍手腕的人。这个词还有“精明圆滑的人（smooth-operator）”之义，指一个人做事和说话时，信心十足，非常老练。汉语“政治家”这个词应译为statesman，在英国英语和美国英语当中都很贴切，statesman主要表示善于管理国家的明智之士，人们通常把有威望的高级政府官员称为statesman。

5. 利用习语、谚语讲解词汇

西方一些国家还流传着许多习语和谚语，它们因具有语言精炼、遣词隽秀、形象生动、富于哲理与韵律、节奏感强、琅琅上口等特点而广为流传且易记。教学中恰当使用习语和谚语可以为学生创造轻松愉悦的学习气氛，使学生感受到词汇学习并非枯燥的死记硬背而是充满趣味的实践活动。与此同时，许多谚语本身对于学生来说就有着深远的教育意义。例如：

Ninety per cent of inspiration is perspiration. 灵感有 90% 是汗水。

Variety is the spice of life. 多彩是生活的乐趣。

Adversity leads to prosperity. 穷则思变。

Adversity makes a man wise, not rich. 逆境出人才。

A good conscience is a soft pillow. 不做亏心事，不怕鬼叫门。

总而言之，词汇教学是语言教学的基础，在语言教学全过程中占有决定性的地位。英语教学时，一定要结合教学实践，从始至终重视词汇教学，调动学生对词汇学习的热情。根据词汇的特点采取不同的教法，改变学生死记硬背的词汇学习方法，解决背诵效率低的问题，提高英语词汇学习的成效。

（三）大学英语词汇教学的方法

1. 重视语音教学

学习词汇之前，需要先学习语音，这是词汇学习的基础。英语是一种拼音文字，语音作为它的表达媒介，如果没有扎实的语音基础将会阻碍英语听、说、读、写、译各个方面的学习效果。所以，词汇教学首先要做的就是正确地教读生词使学生能读得准确、顺利、熟练。对已具备一定音标基础的大学生而言，教师要着重讲解发音规律和语音学有关知识。需要了解，没有读音的字母、双写字母和非重读元音等是英语发音对其拼写、记忆造成的主要干扰。

所以，在讲课时重点讲解元音字母、辅音字母及其组合的发音规律；还要让学生了解单词重音知识，因为单词音节的重读会对字母发音造成影响。此外，音节知识也非常重要，多数拼写比较复杂的词是由几个音节构成，根据音节的读音去记就比较准确了。经过不断地练习使学生获得扎实的语音知识和良好的发音习惯，从而掌握正确发音，既有利于单词记忆，又有利于正确拼写。

2. 利用构词法规律

英语词汇在形式上有着内在的基本结构。因此，研究并掌握一般构词法，便可由此及彼，举一反三，识记许多同根词并有效扩充词汇量。英语常用构词法包括复合法、派生法、转化法和缩略法，文章着重讨论了前三种构词法。

（1）复合法

两个及以上的词按一定的顺序排列构成新词的方法叫复合法，构成的词为复合词。英语中大量的新词是由原有的词复合而成的，在讲解这类词时，教师可以将各组成部分分开来讲。如 gentleman（绅士），教师不指出的话，学生只能硬背了。如果教师用复合法来讲，效果会不一样：gentle 意为“文雅的，有礼貌的”，

man 意为“人”，合而为一“文雅的人”，喻指绅士。

waterfall（瀑布），water 意为“水、大片的水”，fall 意为“落下、降落”，合在一起“大片的水直落而下”，体会出瀑布的意境。通过这种形象而生动的复合，学生会感到有趣，不经意间记住了三个单词。在词汇教学中使用复合法，主要是通过了解复合词和各部分的含义，扩大词汇量；同时也使单词记忆更加贴近生活，增加学习的乐趣。

（2）派生法

在英语中，派生法是一种非常普遍的构词方法。派生词缀加上一个单词，就能生成一个新词，称为派生词。按照词缀在新词中所处的位置的不同可以将其划分为前缀与后缀。前缀会改变原词含义，但是一般不会改变其词性；后缀加于词根结尾，使原词含义发生变化的同时，使原词词性也发生了变化。有了前缀、后缀和词根这些基本部件的帮助，单词的记忆将变得更科学、有效。下面列出几个构词力强、应用较多的词缀。

例如，sub- 表示“在……下面；附属的”如 subtitle（小标题），subsidiary（子公司），substandard（不够标准的）。tri- 表示“三（个）”如 triangle（三角），trilogy（三部曲），tricycle（三轮摩托车）。-ish 表示“像……似的”如 childish（孩子般的），devilish（恶魔似的），bookish（书生气的）。

相对于庞大的词汇量，英语中的词缀数量有限，教师通过引导学生归纳总结，学生完全可以在教师的指导下掌握它们。

（3）转换法

在现代构词方法中，相对来说，转换法是一种较为简单的构词方法。所谓转换法也就是不能改变词语的形式，而使词语由一个词类变为另一个词类，这样就赋予了这个词语新含义、新功能而成为一个新词。其特征在于不需要借助于词缀来变换词类，也称为零位派生。

例如，名词变动词 doctor（医生）变成 to doctor（伪造），skin（皮肤）变成 to skin（剥皮）。动词变名词 to commute（往来于两地）变成 commute（往返的旅程），to function（运转）变成 function（作用、功能）。形容词变动词 narrow（狭窄的）变成 to narrow（使……狭窄），humble（谦恭的）变成 to humble（压低……的身份）。

这类转换在英语词汇中很多，这就要求学生在记忆单词时加以注意。

3. 联想分类记忆

显而易见，分类记忆单词不仅容易记住，而且记得牢固。很多研究都证明，材料被人们大脑分类的条理性和清晰度越高，记忆也会更清晰。所以，教师在讲解新单词时要注意培养学生的分类记忆意识。词汇分类常用的方法包括：按语义分类、按读音分类和按词根分类。

（1）按语义分类

按语义分类就是按照词的同义、近义、反义和类属关系来进行划分。英语词汇内容丰富，同义、近义及反义词较多，对这一部分词语教师在上课时要重点讲解。现以类属关系举例说明。从语言学角度讲，类属关系又称上下义关系，是指带有一般性和包容性的词语和一个较特定词语的意义关系。

例如，上义词 flower（花），下义词 rose（玫瑰），tulip（郁金香），carnation（康乃馨），lily（百合），morning glory（牵牛花）。可见词 orange（橙子），watermelon（西瓜），mango（芒果），strawberry（草莓）。

需要注意的是，在不同的类属里上下义的词是可以转化的。

（2）按读音分类

将一些读音相近的词放在一起比较记忆以加强联系。例如，pill，bill，kill，dill，gill 等都是以 -ill 结尾的；同理，beat，bit，bet，bat，bait，boat 等都以“b”开头，“t”结尾，只有中间音不一样，也可以放在一起记。总之，通过读音分类来记忆有利于减轻记忆负担，提高效率。

（3）按词根分类

词根作为词汇基本的构件，在英语中由相同词根构成的词语非常多，有些词语甚至只差一个字母，而词义则完全不同，这就给学生的记忆造成相当大的难度，并且在大学英语各种测试中，经常会有对形似词的考查。

例如，claim（要求，声称），declaim（慷慨陈词），reclaim（收回），exclaim（呼喊）都是同根词，其中 -claim 是词根；respect（尊敬），inspect（检查），aspect（方面），introspect（反省）都有一个共同的词根 -spect。

因此，在教学中要让学生善于把握词根，从形态上归类记忆。

4. 其他要点

①通过阅读拓展词汇量。教师在充分利用课堂教学时间的同时，要结合学生实际水平，安排切实可行的阅读任务。帮助学生选择合适的阅读文本，特别要选择那些信息量较大、趣味性较浓、知识较多、能体现当代英美文化生活的文本，这样才能让学生在阅读中感受地道的英语和英语文化。

②在语境中记忆单词。英语词义富于变化，可以这样讲，每一个词语在不同的语境中出现就是一个不一样的词语，所以应该使学生把词语与语境结合起来记

忆。讲解中教师可以分别列举不同的例句，使学生联系语境推测出词语的特定语义，帮助学生克服英汉对等的思维习惯。

③重视词汇的文化内涵传递。著名学者胡文仲说过："只学习语言材料，不了解文化背景，犹如只抓住外壳而不会领悟其精神。"[①] 显然，语言与文化相互交融、密不可分。词义里隐含着大量的文化知识，因此，教师在教学中要引入词汇产生的文化背景，特别要注意解释中英词义的不同，以免学生望文生义而产生错误用法，增强学生运用词汇的能力。

④活学活用工具书。字典是学生的老师，查字典在很短时间内能掌握更多的知识，包括发音、词义、语义及搭配等。查字典既提高学生的自学能力又培养了学习语言的好习惯。

词汇学习在大学英语教学中至关重要。伴随着大学英语教学的改革，对词汇掌握的要求越来越高。所以，教师要从激发学生的词汇学习兴趣入手，想办法克服其畏难情绪，积极向学生传授词汇记忆心得，使他们主动地去探究和总结出适合自己的记忆方法，在不断的使用中扩充词汇量，从而提高英语听、说、读、写、译等各方面的语言能力。

二、大学英语语法教学

（一）大学英语语法教学的意义

在我国传统英语教育中，语法教育一度占据核心地位。然而，随着英语教育的弊端逐渐暴露及交际教学法等的兴起，大量淡化英语语法教育的现象也随之逐渐显露。有人认为，试卷中考查语法的题目应减少，其分值比重也应减少，其不值得学生花费太多的精力去学习。因此，英语语法教育又一度失宠。实际上，无论从语言的本质、语言教育的特点还是从对学生认知能力的培养角度来说，语法教育都是英语教育中的一个重要组成部分。对于语法教育的意义，我们也应客观看待。

首先，大学英语语法教学是英语教育的重要组成部分。语法简单来说就是语言的组织规律，它在英语教育中的作用决定了其在英语教育中的地位。之所以说语法教育是英语教育的一个重要组成部分，是因为语法能够使概念和语境之间建立联系，从而帮助学生提高英语水平。当前，我国的语法教育存在一个严重的问题，即为学语法而学语法。这一现象背离了语法学习的目的，往往导致语法教育

① 胡文仲．英美文化辞典[M]．北京：外语教学与研究出版社，1995．

效果欠佳。事实上，语法学习只是学生英语学习的一个方面，而不是英语学习的全部。因此，语法教育应该做到以技能为核心，以实践为纲，从而引导学生明确语法的学习思路。

其次，大学英语语法教学使英语听说能力趋向精确化。通过英语语法教育，学生的听力理解和口语表达能够向精确化方向发展，并且能使听力理解和口语表达更加精确。语法是一种重要的语言组织规则，在学生词汇量有限的情况下，能够帮助学生遵照相应的语法规则来创造出无限的句子。从这一方面来说，进行语法学习其实还很好地达到了完成语法交际任务的这一目的。如果学生在实际的交际环境下频繁使用没有语法规则可言的句子，通常会给交际活动带来负面影响。交际任务应成为语法教育的中心，在具体的交际过程中，应将交际与语法知识进行恰当、适时的融合。这不仅有利于交际的顺利进行，还能够提高交际的精确性。

最后，大学英语语法教学有助于协调语法教育和交际教育的关系。目前在英语教育界，关于应该坚持交际教育还是应该坚持语法教育的争论是热点问题。实际上，英语教育的过程中涉及很多因素和多个维度，无论是交际教育还是语法教育都是英语教育中普遍采用的手段，两者虽然不同，却并非彼此孤立，而是相互促进、不可分割的。一方面，语法作为一套描述语言的规则，其重要性在于它能够帮助学生学习语言，并为听、说、读、写、译等交际技能的训练打基础；另一方面，交际教育强调语境的重要性，主张将语言置于真实的语境中去使用，认为交际是语言的主要功能，只有当发话人的语言输出和受话人的语言反馈契合时，交际才算成功。由此可见，交际不仅是英语学习的目的，也是英语教育的一个重要手段。从语法教育和交际教育的关系来看，交际教学法并不是要否定语法教育，而是对语法教育加以巧妙利用，真正体现语法教育的有效性。因为英语教育活动本身就涉及师生双方的交际互动，而交际法应用于语法教育之中就能将语言的形式与意义、语用与语境联系起来，为语法的习得、交际能力的提高提供了有力的保障。

（二）大学英语语法教学的内容

1. 词法与句法

初级阶段的语法教育包括两大部分：词法和句法。词法还能进一步分为构词法和词类。构词法具体涉及词缀词的转化、派生、合成等。词类包括静态词和动态词。句法主要有三个部分：句子成分、句子分类、标点符号。其中，句子成分涉及主语、谓语、宾语、定语、状语、表语、同位语、独立成分等。对于句子的分类，按照句子的目的，其可以分为陈述句、疑问句、祈使句和感叹句；按照句子的结构，其可以分为简单句、复合句和并列句。此外，与句子有关的还包括主句、从句、省略句等。并且标点符号也是句法的重要组成部分。

2．章法

随着社会经济的发展，英语教育的内容在不断向前发展，语法教育的内容也更加深化，除了包含词法、句法外，还包含章法。章法是语法教育在高级阶段的主要内容。学习者对于词法和句法进行一段时间的学习之后，已经打下了坚实的语法基础，此时再进行章法的学习就比较容易。章法主要涉及句子之间的逻辑关系、篇章的结构逻辑等。表示比较对照的词语，如“by contrast”“by comparison”“unlike”；表示程序的词语，如“first”“second”“then”“finally”等都属于章法的范畴。

（三）大学英语语法教学现状

中学英语教学以高考高分为最大目标，大学英语教学以使学生将英语转化为可利用工具为宗旨。所以，教语法不能重蹈使学生背诵枯燥无味的语法规则、大量做练习的覆辙，而是要为实用性这一宗旨服务。以语法教学为例，高校中语法教学中存在的问题主要有以下四个方面：

第一，大学英语语法教学中有误区。有些教师认为，所有语法项目在中学阶段就已经学完了，大学阶段就不需要再讲授语法知识，课堂上忽略了对语法知识的传授。

第二，语法教学课时得不到保障。在高校中，英语教学是以考试为导向的，要想达到良好的学习成绩，就需要学生集中注意力，花费更多的时间学习精读等考试重点内容，而忽视了对语法的学习，并且教师为了赶课程进度常常会挤压语法学习的时间，甚至会不教语法，给语法学习带来阻碍。

第三，教材内容无法适应需求。现有大学英语教材中很少有系统的语法材料和习题，通常只是对文本中零散存在的语法问题进行说明，语法知识比较分散，学生无法形成一个完整的语法概念并且很难完全理解语法的规律性、抽象性及系统性。

第四，大学英语考试制约并决定着语法教学内容、目的与途径。

（四）大学语法教学的新特点

①较为注重实用性。由于中学仍然是基础教育阶段，注重知识积累，因此，

教学手段相对单一，通常以教师为主导进行授课，学生是被动接受的状态，缺乏学习的主动性。这种教学方法虽然能使学生较快掌握一定的语法内容，但对培养语感、发展思维能力却不利。因此，高校教师在讨论语法形式的意义和功能时，应以规则说明和解说为主，避免在交流与运用中出现语法与语用的脱节现象。在语言学习中，语法是一条不可或缺的法则或规则，因此，我们应该注重引导学生超越表面的语法学习，深入挖掘内在的规律，从而达到举一反三、提高学习效率的目的。

②在中学阶段，学生更倾向于将听、说、读、写、译等多种语言技能相互融合，而语法则表现出高度的独立性，这一点在教学和高考题型设置中都得到了充分的体现。大学英语教学中，更注重培养学生的综合英语素养，因此，语法教育已成为提升学生英语听、说、读、写、译整体水平的有力辅助工具。近年来，各类英语考试不断改革，综合题型或其他题型逐渐取代了单纯的语法考核。尽管四六级的词汇与结构单选题已经被改为综合部分的完形填空、翻译和改错题型，但这些改革并不意味着语法学习的意义不大，相反，它们表明语法是整个英语学习中不可或缺的一个组成部分。语法是提升写作、口语和阅读能力的基石，是一门辅助性学科，旨在为写作和阅读提供支持。

第一，英语教学中，应将语法项目的学习充分融合到写作课学习中，确保学生将语法知识落实到写作上。

第二，为了让学生更有效地运用所学的语法知识，教师可以要求学生在阅读材料时进行改写、缩写或概述。在改写过程中，要求学生必须综合考虑句子的时态、结构、衔接及单词的词性等语法知识。通过阅读大量的词汇和丰富的故事情节，学生得以在潜移默化中掌握语法规则，这为他们的英语语法实践提供了机会。

第三，将语法教学与口语课相结合。在口语课课堂上，针对某个语法项目让学生做口语练习。比如，可以采用演讲比赛的方式来练习，就 If I were the college president/the mayor of.../the minister of..., I would... 等话题，让学生将虚拟语气运用到口语中，在轻松的氛围中做练习，达到熟练运用该语法项目的目的。

③中学英语教学是打基础的阶段，所以语法教学通常从词法开始，学生需要掌握名词、动词、冠词等不同词性的变化规律。在大学英语语法教学中，则更加重视句法教学，长难句是一项具有挑战性的语法难点，在长难句中，最经常用的语法规则是从句、平行比较结构和非谓语动词短语三大语法规则。

④语言学家更重视篇章层次，他们认为语法是构成语言发生功能的基本框架。

在语言实践中，语法能力是必不可少的先决条件，它有助于学习者正确理解书面或口头语言。语法能力提高了，语言的实际运用能力也会相应提高。因此，语法教学不应仅限于句子层次，更要关注篇章层次，通过篇章中的句际关系令学生掌握特定语法项目的表达功能。让学生在有意义的环境中熟悉语法结构。

在大学英语教学中，语法学习是一项至关重要的任务，除了培养学生的语法意识，我们还必须高度重视学生英语实践的能力。学习语法的主要目的在于将其应用于实际场景中以提升个人的语言表达能力和语言表达水平。也就是说，教师应该致力于培养学生的语法技能。因此，在特定的语境下进行交际时，学习者需要综合运用词法和句法，并汲取语义学和语用学的研究成果，以明确不同的语言环境中使用何种语言形式最为适宜，从而达到更好的交际效果，克服为学语法而学语法的倾向，并培养出更强的语法能力。

（五）大学英语语法教学的原则

1. 交际性原则

在大学英语语法教学中坚持交际性原则有助于为听、说、读、写、译技能的发展提供支持，为学生的语言综合运用能力打下基础。为了贯彻交际性原则，教师在大学英语语法教学中可以从以下两点入手。

①引导学生多阅读，坚持阅读多多益善的原则，因为通过阅读学生可以体会到语法的生命力，也能够切身体会到语法在语言中所起的具体作用。

②通过模拟情境进行模拟交际。在必要的语法操练的基础之上，教师应尽可能地创设交际性语言环境，运用实物、图片、幻灯、动作、表演及电化等设备，创造真实或半真实的交际活动，使学生在活动中感知、理解和学习语言，从而发展语法技能。例如，在学习虚拟语气以后，教师可以模拟与此相关的情境，让学生进行模拟交际练习。

2. 真实性原则

真实原则与上述所介绍的交际性原则是相辅相成的。语言学习的目的是交际，而现实中的交际是真实的。因此，大学英语语法教学需要遵循真实性原则。大学英语语法教学要求真实性，是指学生在言语活动中感受语法时，语法不再只是一些抽象的规则，而是交际生活中一个必不可少的组成部分。真实性的语法教学既能提高学生的学习兴趣，也能让学生在真实的情境中提高语法技能。

3. 系统性原则

我国的大学英语语法教学普遍存在系统性不强的问题，这使学生机械、孤立地记忆语法知识，对一些相近概念掌握较模糊，容易混淆，导致学生即使学习了多年英语之后，在口语和书面语写作上仍然容易犯各种初级错误，如人称错误、时态错误等。

实际上，语法并不是杂乱无章的，语法看似庞杂无序、零散孤立，实际上有自身内在的规律。因此，大学英语语法教学也要相应地遵循系统性原则，让学生不但学会、牢记一个个语法项目，而且能注意各语法项目之间的关系，从而建立一个语法知识体系。

4. 语境化原则

根据语言学理论的观点，词、语法和语境这三大要素只有共同作用才能被理解，从而最终完成相应的交际任务。在语法教育中坚持语境化原则就是指教师应巧妙地运用教学方法，进行模拟或者创设情境，以生动、直观的方式让学生入境会意，这样才能很好地唤起学生的积极性，鼓励学生积极、主动地参与交际活动。但语法教育的语境化也对教师提出了一定的要求，通常需要教师按照班级情况和授课内容，并与学生的实际生活相联系，进行巧妙的构思和精心的设计。

（六）大学英语语法教学的新方法

1. 语法训练法

语法训练法作为大学英语语法教学中的一项重要手段，其最终目的是让学生能够将知识运用到实际中，从而更好地培养学生的综合素质和能力，这就需要教师对语法训练进行科学、合理的安排，有效地组织学生进行语法项目的操练。但是，这种方法并不可以盲目使用，而是要分阶段进行的，通常需要遵循循序渐进的原则让学生达到熟练应用的目的。

一般而言，语法训练法通常包括以下三个步骤。

①机械式训练。教师需要通过模仿、替换、不断重复来进行机械式的训练。机械式训练通常要求学生达到不用理解句子的含义就能做出迅速、正确的反应。

②内化训练。在完成机械式训练之后，教师可通过造句、仿句，改句、改错、翻译等方式来内化训练，内化训练通常要求学生围绕教学内容来进行，要求学生能够达到熟记、理解的程度，并能做出正确的反应。

③交际操作训练。在机械式训练与内化训练的基础上，教师可借助场景对话或问答形式之类的口语训练进行最后的交际操作训练。这种训练方式最终要求学生能将所学的语法知识进行综合运用，要求学生能组织语言并迅速做出反应和回答问题。

2. 语境呈现法

语法都是在具体的语境运用中得以呈现的，因而与具体的语境相结合来阐释语法知识也是使用频率比较高的一种教学方法。学生在语境中对语法进行体验、感悟、总结和运用，不仅能够很好地学以致用，而且对提升交际能力也大有裨益。借助语境进行大学英语语法教学，有效弥补了传统语法教育中忽视外在语言环境的这一不足，具体可通过以下两种方式来设计语境，从而有效开展大学英语语法教学。

（1）借助多媒体教育手段来设计语境

多媒体具有集图、文、声、像于一体的优势，可以为语法规则的学习提供具体语境，能够使静态化、枯燥的语法知识变得更加立体、有趣，并能充分调动学生学习的主动性和积极性。因此，在具体的大学英语语法教学中，教师可充分利用多媒体来创设语境，让学生在与以英语为母语的人士进行交际的过程中掌握语法知识。

（2）借助现实场景来设计语境

英语教育通常是发生在特定的时间和场合的，是在师生间展开的。一些看似单调乏味的日常教学，实则蕴含着生动的情境语境，因此，教师应当善于发现并善加利用这些现实场景，同时结合语法规则的特点来建构语境。这样才能更好地引导学生理解句子的语义内涵，从而达到培养学生语言能力的目的。以祈使句为例，其主要功能在于传达命令、指示和请求，或者表达劝告、建议、祝福和欢迎等含义。在具体的大学英语语法教学中，教师就可以利用师生、生生间的身份并配合一定的场景来开展相应的情境教学。

3. 借助语篇来设计语境

语篇是多种语法形式在特定语境中有机地组合而成的。语篇的独特性质为语法规则的归纳、比较和总结提供了一个良好的上下文结合的语言环境。在大学英语语法教学中，冠词的使用、时态、主谓关系等一些常见的语法常常被放置在一定的上下文语境中，只有置于语境中来讲授这些语法知识，才能更加充分地体现和理解这些语法项目所蕴含的意义。

就时态教学来看，传统的大学英语语法教学都是运用句子来讲授各种时态的，各个时态间区别的标志也通常是句中所出现的一些标志词，如 just now，often 等。这种形式的教学有其固有的局限性，单纯地局限于句子使学生很难全面地掌握某一时态的具体用法，并使学生很难依照语义需要来正确地选择具体的时态。因而，不管句型操练多少遍，如果该时态在某一语篇的具体语境中出现时，学生会难以把握，也不能熟练运用，进而导致在语法规则的形式、意义和用法等层面产生矛盾。借助于语篇来设计语境，能够让学生在一个比较高的层面上对时态的意义和用法有全面的把握。但是，借助于这种方法来教授语法，需要教师精心地设计和选择语篇，并进行充分的备课。

4. 图示引导法

由于语法本身具有抽象性的特点，有些语法项目难以用语言清晰表达，或表达出来后学生还是很费解，因此可以使用简图、图片等图示使其形象化。例如，在对时间状语从句这一语法项目进行讲解时，可以按如图 3–1–1 所示的思路来解释。

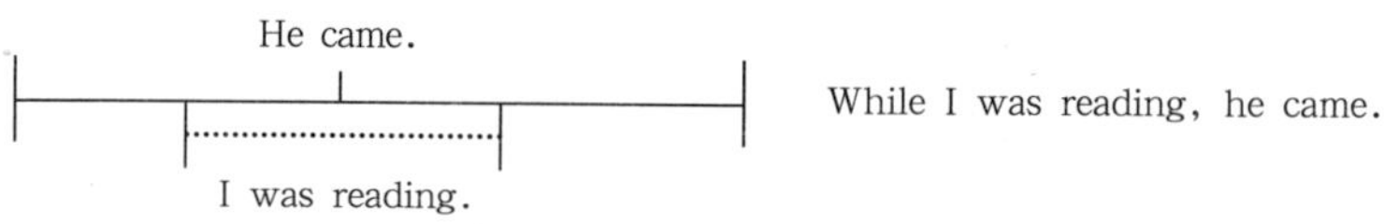

(a)

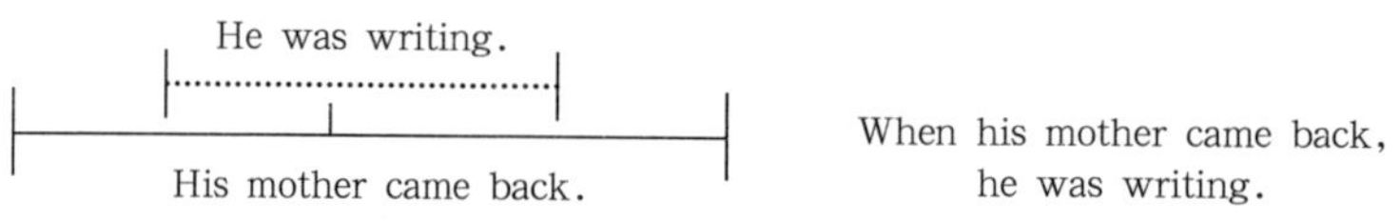

(b)

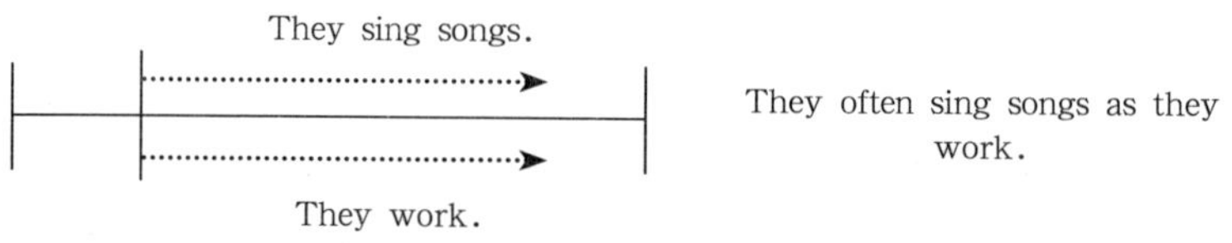

(c)

图 3–1–1　时间状语从句思路简图

按照图 3–1–1 中所示的思路，教师在对时间状语从句中的连词进行讲解时，首先要指导学生对主句和从句中两个动作的时间关系进行判断。教师若仅用语言阐释 while，when，as 的区别，由于里面涉及“某一刻时间”“某一段时间”“短暂性动词”“延续性动词”等术语，有些学生会因语言理解能力和想象力等个体差异而认为这些术语很抽象，甚至一些基础薄弱的学生会有理解上的障碍。如果教师设计出如图 3-1-1 所示的简图，学生便对 while，when，as 三者的区别更加明了了。

第二节　英语听力和口语教学探索

一、大学英语听力教学

（一）大学英语听力教学的意义

1. 可以进一步巩固语音知识

对于知识体系的建构，英语听力教学活动发挥着不可替代的作用，其对学生进一步巩固、内化语音知识大有裨益。学生在听力理解的过程中需要处理一些复杂的信息，一方面要辨认听到的语音信息，另一方面则要完成必要的理解活动。经过持续的听力理解活动，学生大脑中所积累的英语语音信息也随之增加，这些新的语音知识与原有知识叠加在一起，实现了对新知识的建构，进一步深化了学生对语言知识、语言规则、语言信息的理解。由此可见，英语听力教学的过程是学生理解、学习和构建新知识的过程，听力教学活动则是实现学生知识构建的有效手段。

2. 可以提高学生的语言运用能力

英语教学的目标是提高学生的综合语言运用能力，而提高该能力的一个重要手段就是听力教学。听是语言输入的方式，听力教学一方面可以引发学生的积极思考，另一方面可以提升他们对英语语音的辨别能力，从而对听到的语言信息进行理解、分析、重组、加工。在此过程中，学生既可以对已有的语言知识进行实际运用，又可以随着听力练习的积累而逐渐提高效率，从而提高综合语言运用能力。

（二）大学英语听力教学的内容

1. 听力知识

听力知识主要包括语音、文化、语用、策略这四个方面，它是提高学生听力能力的重要根基。下面将分别对英语听力知识的四个方面展开分析。

（1）语音知识

要进行听力理解就要先输入听觉信息，所以掌握一定的语音知识对于听力理解有着重要作用。在开展大学英语听力教学时，对语音知识的介绍是一个重要内容，其对学生之后的听力能力的提高有着很大影响。

（2）文化知识

英语听力材料中往往包含着丰富且广泛的文化知识，所以教师在听力教学中应该注意对这些知识进行讲解。有时，一篇听力材料中可能包含两种甚至多种文化信息，假如学生不了解这些文化常识，将难以顺利地完成听力实践活动。

（3）语用知识

英语听力材料常常涉及一些有关言谈交际的话题。听力材料涉及交际中的会话是普遍存在的现象，对这些材料的理解往往需要借助一定的语用知识。

（4）听力策略

掌握一定的听力策略对听力理解有着重要意义。学生只有掌握了常见的听力策略，在听的过程中才能根据具体情况选择合适的策略，使听力活动更具有灵活性。

2. 听力技能

听力技能属于较高层次的语言运用能力，要想较好地改善学生费时、低效的听力学习现状并提高听力教学效果，教师应对听力技能的培养给予充分重视。

3. 听力理解

听力理解不但涉及语言的字面意义，而且涉及语言背后的深层含义。在英语听力教学中，教师不但要讲解一些听力知识、技能和策略，而且要培养学生的听力理解能力。要培养学生的听力理解能力，教师应该从如下五个方面入手。

（1）辨认

学生在听力理解过程中，首先应该形成辨认的能力。通常而言，辨认的内容主要涉及以下两个方面。

第一，语音辨认。语音辨认较为简单，学生只需掌握一定的英语语音知识即能实现。例如：

The prefects will presently present the presents.

该例句出现了多个“present”的变体，如果听者有一定的语音知识，那么就不难理解这句话的意思。

第二，意图辨认。意图辨认的难度稍大一些，因为它需要以语音辨认为前提，并且需要听者具备一定的交际能力。在培养学生意图辨认的能力时，教师可以采用乱序训练法，即将完整听力材料的顺序打乱，让学生重新排列。

（2）转换

听力理解中的转换能力是指将所听材料中的内容转换为图表的能力。这种转换不仅需要听者辨别听力材料中的短语与句型，而且要对已知信息进行适当转换，是对听者能力的考验，也是听力理解的第二个层次。

（3）重组与再现

重组与再现是听力理解的第三个层次，其要求教师同时提高学生的口语表达能力和书面表达能力。

（4）社会含义

听力活动属于交际活动的范畴，所以在语言上有着“礼貌、得体”的特征。对此，听者在听力理解过程中需要仔细把握原文，准确理解其社会含义。听力的语言形式极为丰富，往往涉及不同的话题，教师要训练学生根据不同语境进行描述的能力，在描述过程中还需要学生理解语言背后的深层内涵，从而促进听力活动的进行。

（5）评价与应用

听力理解的最后一个层次是对听力语言进行评价和应用，这也是难度最大的内容。听力理解有一定的目的性、交际性，要求听者明确交际意图，并且用语言回应与沟通。因此，在听力教学中，教师要锻炼学生在不同的听力理解层次上进行灵活的听力活动。此外，为了提高学生的评价与应用能力，教师可以在教学中增加听力讨论与交际练习。

4. 语感

语感就是对语言的感悟能力。听力理解中的语感具有直接性，这种能力可以通过反复锻炼得到提升。在听力理解活动中，在缺失一定的语境和信息的情况下，如果听者具有良好的语感也能完成语言行为的预测与判断，从而顺利完成交际活动。

（三）大学英语听力教学的原则

1. 情境性原则

根据建构主义学习理论，学生在进行语言学习的过程中通常需要与周围环境进行有效的互动。学生也只有在自然、舒适的环境下，才能同环境产生相应的互动，并获得真实的语言体验。近年来，有些大学英语教师抱怨说他们已经竭尽全力地去鼓励学生参与课堂活动了，但是学生对听力的学习兴趣依然很难被充分调动起来。事实上，良好的课堂氛围是需要教师和学生双方来共同营造的，是在教学方法发挥作用的前提下，师生双方的需要得到了充分的满足后所出现的一种心境和精神体验。只有在舒适、自然的课堂氛围中，才能更好地创建一种与学生所学母语接近的自然的语言习得环境。

2. 循序渐进性原则

在课堂上，学生要多和同学及教师进行口语交流，这是提高自身听力能力的重要途径。但是，在我国的英语教学中，英语课堂大多用汉语进行授课，即使在大学阶段，也很少有教师进行全英授课，学生进行听力训练的机会明显不足。所以，教师在听力课堂中应依据由慢到快、由易到难、由简到繁的原则坚持用英语组织课堂教学、讲解课文，并鼓励学生大胆讲英语，引导学生在持续的练习中不断提高听力理解的能力。

3. 综合性原则

教师应该让学生每次进行听力练习之前明确听力练习的目标，这样学生会在心理上有所准备，而且学生可以根据不同的听力目标选择不同的听力技巧。单一的听力训练很容易造成课堂气氛的沉闷，从而使学生失去听的兴趣。因此，要想提高学生的英语听力水平就必须重视听力与其他英语技能之间的关系，把输入技能训练与输出技能训练有机地结合起来，以提高学生的综合英语水平。

具体来说，教师在听力教学中可以采取以听为主、听说结合、听读结合、听写结合和视听结合的方式对学生进行综合的听力训练。这样不仅可以丰富听力教学活动，还可以活跃课堂气氛，培养学生的自主参与和自主学习意识。多种方式结合的教学形式不仅为学生创造了真实的语言环境，并且在一定程度上减轻了学生的心理负担，使学生在轻松的氛围中提高英语水平。

（四）大学英语听力教学的新方法

1. 技能传授法

在听力练习和测试中，为了取得更好的效果，学生需要采用一些听力技巧。教师在平时的教学中应多向学生传授听力技巧。这里将介绍以下四种常见的听力技巧。

（1）听前预测

听前预测在听力理解中有着十分重要的作用。因此，教师在听力教学中应该重视对听前预测这种手段的教授。具体来说，听前预测需要教师引导学生在听力练习之前熟悉一下测试题，了解题目所考的范围，如人名、地点、数字等。例如：

A.In the restaurant.　　　　B.In the library.

C.In the dormitory.　　　　D.In the classroom.

上述4个选项都是围绕地点进行的，因此听力材料播放之前，学生就应该熟悉这几个选项，在听力材料播放中主要关注地点。听力原文如下。

M：I'm exhausted today. I've been here in the classroom all day reading and doing my homework. What about you？

W：Not too bad.But I'm hungry now. Let's go to the restaurant, shall we？

Q：Where does this conversation take place？

由于学生在听力材料播放前便已经进行了听前预测，因此在材料播放中便能收放自如地进行分析，并自觉关注材料中出现的地点信息。

（2）猜测词义

猜测词义是听力技能教学的重要方式。在听力实践过程中，听者很难完全听明白材料中的每一个词，此时就可以通过上下文等进行词义猜测，从而更加顺畅地理解材料内容。

需要指出的是，在听力实践过程中，切勿一遇到生词就打断思路，而是应该从听力材料的整体入手综合使用词义猜测的技巧，从而保证听力活动的进行。

（3）抓住要点

听力中抓住要点十分重要。交际是交际者在交际目的的作用下进行的言语活动，教师在听力教学活动中应该教授学生抓住要点的方法，在会话中注意信息的侧重，听主要内容、主要问题、主题句和关键词，学会略听无关紧要的内容。

（4）边听边记

听力活动有速度快及不可逆转性，很多对话都发生在很短的时间内，留给听者考虑的时间很少。在听力考试中，遇到冗长的材料和较多的干扰选项时，就需要听者结合听力特点，学会快速记笔记的方法。

听力教学中，需要使学生养成边听边记的好习惯。听力时间有限，因此听力笔记不要求十分整齐，只要听者自己能够看懂即可。教师在教学中应该教授学生掌握一些简单的记录符号与缩写。

2. 文化导入法

（1）通过词汇导入

词汇是语言的基本要素，蕴含着深厚的文化内涵，所以要了解西方文化，首先要从词汇开始。此外，掌握大量的词汇也是保证听力顺利进行的基础，因为如果连基本的词汇都不知道，那么听力也不可能往下进行了，所以，教师在扩大学生词汇量的同时，要加深学生对词汇内涵的了解，并丰富学生的文化知识。

（2）通过习语导入

习语是语言的精华，是人类智慧的浓缩，承载着丰富的文化，并在人们的生活中发挥着重要作用。在日常交际过程中，人们常会用到习语，习语的文化内涵十分丰富，所以仅通过其字面意思是很难了解其内在含义的，只有明白其内在含义才能听懂话语意思，并顺利进行交际。例如：

A：Could you lend me fifty dollars？

B：I'm sorry that I'm on the rocks myself at the moment.

上述对话中，A 在向 B 借钱，这一点对于学生而言不难理解，但 B 的回答往往会使学生十分困惑，好似答非所问。因此，理解"on the rocks"的含义是听懂上述对话的关键。其实"on the rocks"并不是"在岩石上"的意思，而是表示"触到暗礁，有灾祸"，其引申含义为"穷困、破产"。了解了"on the rocks"的内在含义，B 的回答也就不难理解了。

因此，在大学英语教学中，教师有必要向学生导入一些英语习语，同时引导学生自主积累习语知识，以培养学生的文化素养。

（3）通过习俗导入

大学英语听力教学是为了培养学生进行实际话语交际的能力，而话语交际往往涉及生活的各个方面，所以教师在培养学生听力能力的过程中，除了要学生掌握基本的语言知识、交际功能、习语文化之外，还要让学生了解一些基本的习俗文化，如打招呼、称呼、感谢、赞扬、谦虚等，了解并掌握了这些对听力能力的提高大有裨益。在具体的教学过程中，教师可以设计情境对话，或者让学生进行角色扮演，以使学生真正置身于英语环境中，让他们感受英汉文化之间的差异、地道的英语表达，进而提高他们的英语听力能力。

（五）大学英语听力教学策略

1. 注意听力教材的选择，提高学生兴趣

教学大纲的要求在教材中才能体现出来。所以，在选择教材时，教师一定要慎重对待，注意教材的思想性、科学性、系统性以及可接受性。教学大纲还对听力教学做出具体要求，强调了两个至关重要的问题，即建立扎实的语言基础和注重培养学生的语言交际能力。在选择听力教材时，应以这些要求为中心，确保教材的实用性和有效性。

随着学生获取新鲜事物的渠道日益多元化，以及自身信息存储的快速更新，如果所选教材的内容与时代不符，实用性不强，或者语音不够纯正，将会阻碍学生学习英语的热情。因此，在挑选教材时，必须特别留意其内容的新颖性和实用性，尤其需要关注语音的优美和纯正程度。

2. 训练方法适当，增强训练效果

（1）听与说相结合

英语教学中，听、说是最基本的两种技能，它们密不可分。两者有效地结合，才能做到相互促进，进而达到提升学习效率的目的。即在信息输入之后，只有以最快的速度把它输出——用口语再现出来，才能够使“听”和“说”同时得到巩固。一些学者还着重指出，语言输出非常重要。他们认为输出除了能增强口语的流利程度外，还具有让学习者全神贯注、做假设验证以及有意识地反思来调整学习策略这三种作用，以此来增强学习者运用语言时的准确性。听力教学中向学生提供一定的口语训练机会，既能活跃课堂气氛又能增强学生的兴趣。由于课本容易让学生产生厌倦，所以可将口语训练随机穿插在整堂课的过程中，采用灵活多变的方式。比如，一些情节完整、趣味十足的小故事，可以让学生在听懂的基础上用自己的话进行复述；对典型的对话，可由学生分角色进行朗读和模仿；对动画片则可由学生先学习，后配音；是对语音训练来说，还可采用先简单解释，然后多次跟读等方法，以取代形式单一的教学讲解。这不仅能发挥学生主观能动性，而且还能在有限的课堂时间内提高他们的口语能力。

（2）张与弛相结合

上听力课学生需要精力十分集中，而且需要做好心理准备。平均每周只有 50 分钟的时间就显得越发不够，因此教师要引导学生提前来到语音实验室，把课前 5 到 10 分钟也充分利用起来。课前内容教师也精心安排，或者通过一个小游戏让学生对本节课的背景及主要内容有所了解，激发学生学习的欲望；或者播放一小段英文卡通片，让学生欣赏。诙谐的对话、幽默的卡通片和简单实用的短语、句型往往会给学生留下很深的印象，很多学生当时就会脱口而出，进行模仿，过后还饶有兴趣地回味。还可以在课前或上课过程中插播英语歌曲，这不但能活跃气氛，而且能帮助学生更好地掌握英语当中连读、弱读、吞音等发音特点。这样做不仅能让学生在心理上做好上课准备，而且有利于学生整节课精力集中。

(3)重视精听，精听与泛听相结合

精听就是要求学生听懂每个句子、短语甚至单词，把握文章细节内容，在关键词的提示下甚至能够对所听内容进行复述。对于篇幅短的材料教师也可以采取听写的方式进行练习。泛听则要求学生听懂语篇大意，明白说话人的立场、态度，或者只按要求捕捉某一方面的信息。必须强调的是，各类听力训练中务必包含一定量的精听，即扎扎实实听懂所听的材料，总是泛泛而听，听力能力很难有大的提高。很多人抱怨自己练听力的时间很多，但进步却不够明显，缺乏精听训练是重要原因之一。但是，精听还必须与泛听相结合，因为总是进行精听训练，劳累会抹杀对学习的兴趣，过于注重细节有时还会影响对整体的把握。

(4)不同语速的听力练习穿插进行

克拉申(Krashen)的第二语言习得理论由五个假说组成。其中输入假说中提到外语学习中的输入是指以听或读的方式去理解稍高于学生目前语言水平的材料。假设学生现有的语言水平为“i”，可理解的输入应该是“i+1”。所以对于每节课的第一部分，由于学生还没有把精力完全投入课堂中来，可以安排与学生现有语言水平相当或略低于其现有语言水平的材料，让学生做一下热身，这样做还可以帮助学生树立信心；然后可以让学生听速度稍快一点的材料，即所谓“i+1”的部分。这部分材料要占用课堂的大部分时间，也是每一节课努力的目标。在进行这一部分材料的过程中，要穿插速度再快一些的材料，即“i+2”的部分，也就是说对于这一部分内容学生努力听也许还听不太懂。但是在听这样的材料时，学生会下意识地努力跟上它的速度，结果也许是没能听懂，但只要精力集中，这种主观努力一定会存在，而且只要这种主观努力存在，学生再去听所谓“i+1”的材料时会发现比之前要容易听懂了。

3. 教材与外台广播相结合训练

教师利用美国之音广播电台(简称 VOA)、英国广播公司(简称 BBC)等外语广播，把新闻时事、科技文化、人与社会等内容引入听力课堂，让学生大量接触悦耳动听、语音纯正的英美语言。

新闻报道涉及面广、信息量大、内容丰富，加上学生本身对时事的兴趣，会非常有利于增强这部分内容的教学效果。我们的学生，特别是在听力学习初级阶段，对英美人文、社会方面的知识了解得比较少，这些内容的教学不但锻炼了他们的听力，而且增长了文化知识，弥补了这方面的缺失。广播所用的语言是面向大众的，力求语言通俗、文字浅显，所以大量接触英文广播还有利于巩固对英语中核心词汇的掌握，并且有利于提高学生的口语能力。

4. 课上课下相结合训练

大学英语基础阶段听力课每学期16课时，4学期共计64课时。学生从只能听懂简单英语，甚至从未接触过英语听力，到达到教学大纲四级的要求——“能听懂英语授课；能听懂日常英语谈话和一般性题材讲座”；能基本听懂慢速英语节目，语速为每分钟130词左右，能掌握其中心大意，抓住要点；能运用基本的听力技巧帮助理解。显然单凭上课时间是远远不够的。

所以教师还应该积极引导学生利用课下时间。教师可向学生提供不同难度、形式多样的听力材料，供学生根据自身情况选择使用，条件允许的学校还应选择部分内容利用学校音频广播循环播放，积极为学生打造一个人为的英语环境。现在网上资源越来越丰富，教师还可引导学生充分利用互联网资源和一些好的学习软件，提高学习效率。另外，还应定期或不定期地组织一些课外活动，如听力竞赛、演讲比赛、知识讲座、英语角等。

二、大学英语口语教学

（一）大学英语口语教学的意义

可以毫不夸张地说，口语是人类社会上使用最频繁的交际语言之一，这就使英语口语教学在整个英语教学体系中占据着十分重要的地位。

1. 促进语言知识和实践的结合

长期以来，我国英语教学采取的教学模式都十分传统，在教师以及学生看来，英语这门语言仅仅是一种知识系统，与个人的语言能力没有关系。随后，社会以及科技的发展促进了很多新的教学法的出现，进而人们认识到任何一门语言的学习其实都需要掌握语言的形式与功能。学生在英语课堂上学习了语音、词汇、语法、句型等英语知识，并不意味着学生就掌握了英语这门语言，因为这些内容都需要经过实践来检验，即通过实际的交际才能真正转化为学生的语言能力，特别是口语实践能力。所以，想要将英语教学理论与英语综合运用能力有机结合起来，就必须强化英语口语的训练，重视英语口语的教学。这是扭转知识与能力脱节现象的有效手段。

2. 符合语言和语言学习的规律

听、说、读、写、译都是语言能力的具体表现形式，因而语言能力是一个综合概念。需要特别说明的是，各项语言能力之间具有相辅相成的关系，它们之间并不是彼此孤立的。换句话说，任何一项能力的欠缺都会给语言的综合运用带来影响。

近年来，很多现代英语教学法，如交际法、直接法、自觉实践法等都对口语训练给予了充分重视，学者也积极进行了对口语教学方法的探索。

综上所述，口语能力是综合语言运用能力中不可或缺的重要内容。将口语训练与学生的语言学习有机结合在一起，符合语言学习的客观规律，能将学生的语言能力提升至一个新的高度。

（二）大学英语口语教学的内容

1. 语音训练

英语口语训练应该以英语语音为前提，所以帮助学生掌握正确的语音、语调是语音训练的首要目标，具体涉及意群、停顿、弱读、重读、连读、音节等。如果学生没有规范的发音，不仅难以表达自己的观点，而且会为对方带来理解障碍。

2. 词汇和语法

在英语口语表达中，词汇和语法知识发挥着极为重要的作用。具体来说，如果没有大量的词汇储备，就无法表达自己的思想、观点；如果没有基本的语法知识，所说出的话就会没有逻辑、表达混乱，从而阻碍交际的进行。

3. 会话技巧

培养和提高学生的口语表达能力，使他们能熟练运用一些会话技巧，从而使交际得以顺利进行是口语教学的根本目标。因此，会话技巧也是口语教学的重要组成部分。

4. 交际策略

交际策略就是当某语言使用者在话语计划阶段由于自身语言方面的不足而无法表达其想要表达的思想时所采取的策略。在交际过程中，为了克服因语言能力不足而导致的交际困难，交际者使用语言或非语言手段的能力即为交际策略能力。交际策略也是口语教学的重要内容。

由于口语交际活动往往不可预测，因此交际过程中遇到尴尬局面是难免的，这就要求交际者应具备一定的交际策略能力，以便在需要时借助交际策略来解决遇到的困难，从而促使交际顺利进行。策略能力涉及两个方面：一是发生困难时使对方理解自己讲话内容的能力，这一能力被称为“补偿能力”；二是在发生理解困难时获取意义的能力，这一能力被称为“协商能力”。

在英语口语教学过程中，教师应注意向学生介绍一些西方人所使用的交际策略，使学生了解英语语言规则和交际规则，提高英语口语的交际能力，在交际过程中更好地让自己的讲话内容被对方理解，并更好地理解对方的语言，改善交际效果。

（三）大学英语口语教学的原则

1. 循序渐进原则

口语能力的提升是一个日积月累的过程，口语教学的展开应层层深入、由易到难、循序渐进。例如，我国大学的学生通常来自全国各地，学生的英语口语表达都会或多或少受到方言的影响。面对这样的情况，教师应分析学生的语音特点与发音困难，进而为纠正学生的发音提出建议与指导，使学生按照由易到难的顺序，从语音、语调、句子、语段等层面逐渐提高，并让他们主动、积极地说出发音规范的英语。

需要注意的是，教学目标的设计要科学且合理。过高的目标会给学生带来过多的心理压力，过低的目标难以调动学生的积极性与兴趣，因此教学目标既不能过高也不能过低。

2. 先听后说原则

说以听为前提，所以要先听后说。在具体的口语交际过程中，只有首先听懂对方的话，才能据此进行回应，使交际顺利进行下去。

在口语教学过程中，学生通常先通过听来进行词汇量与语言信息的积累。当这种积累达到一定程度之后，学生的表达欲望也逐渐被调动起来，他们就会尝试着进行口语表达，进而实现真正意义上的口语交际。如果没有听的积累，就不会有说的能力。可见，在口语教学中应坚持先听后说原则，使学生在听的基础上积累语感，从而不断提升说的技能。

3. 内外兼顾原则

根据内外兼顾原则，口语教学应在注重课堂教学活动的同时，对课外活动给予充分重视。这是因为，口语教学应以课堂教学为主，但课外活动是课堂教学的延伸与补充，两者之间是相互配合、相互促进的关系。以课堂教学为基础来组织相应的课外活动，既可带领学生对课堂知识进行及时的复习与巩固，还可使他们充分利用课外活动的机会来对知识予以运用，加快从知识到技能的转化过程。同时，课外活动没有课堂环境中的正式气氛，学生能以一种轻松、愉悦的心情来参加口语练习，教师也能及时地对学生进行指导，从而有助于学生在不同场合下进行流利、正确、恰当的口语表达。

在完成课后作业的过程中，教师可给学生分组，使他们以组为单位来完成任务，可围绕任务进行讨论，这样既有利于不断提高学生的口语能力，还能培养他们的沟通能力、理解能力以及团队合作能力。

口语互动的内容主要包括引出话题、话轮转换、请求澄清、请求重复、获得注意、获得帮助、结束谈话等会话技巧和策略。掌握这些会话技巧策略有助于交际活动的顺利进行，取得预期的交际目的。如果教师在口语教学中总是单纯地采用提问的形式，大部分学生都很少有机会开口表达，这样互动交流的效果往往并不如人所愿。为了使所有同学在课堂上都能够参与，教师应该多开展学生与学生之间的互动训练活动，比如，对话练习、小组讨论、角色扮演等。这类活动互动性较高，可以为学生提供更多独立交际的机会和时间，而且面对彼此熟悉的同学，学生更容易放松，有助于他们克服交际的焦虑，从而提高学生的学习动机、选择能力，培养学生的独立性、创造性等。

4. 情境化原则

语言的运用总是在一定的情境和场合下进行的，口语教学的目标之一就是使学生能够在不同的情境下说出得体的语言。在英语口语教学中，教师就要重视情境的运用。情境可以帮助学生理解交际的场景，也可以帮助学生正确使用语言。设置一定的情境进行口语练习，不仅可以检查学生能否恰当使用所学语言，而且可以让学生学习在新的场景下创造性地运用语言，同时可以帮助学生在现实生活中碰到类似交际场景时能够应对自如。

教师在设定情境时，最好设置学生感兴趣的话题或是贴近学生生活经历的情境，因为这些与学生息息相关的情境能使学生产生强烈的参与意识，增强学生参与口语交流的兴趣。例如，可以设定在家中吃饭的情境，让学生讨论饭菜是否好吃，讨论某一道菜的做法，或者谈论饭后的活动安排。然而，要设计学生感兴趣的、与学生的生活息息相关的情境并非易事。因此，教师要做到充分考虑学生交际的愿望和目的，设计有趣的主题或话题，把学生感兴趣的话题融入口语教学内容。

5. 平衡流利性和准确性原则

英语学习的目标之一是让学生能够用英语准确而流利地表达自己的思想。口语作为一种产出性技能，既要求流畅，又要求准确，更要求得体。因此，教师在口语教学中应该强调流畅性、精确性和得体性。教师应多提供一些练习机会，以便训练学生语言的准确性、流利性。一个真正的口语熟练者，既要求说得自然、得体，又要求说得流利、准确。不过，在现实的交际活动中，交际活动的双方最关心、最注意的是信息的传递，尽管会出现一些不完整的、带有语法或逻辑错误的句子，但这并不影响交际活动的顺利进行。在某些情境下，说话者可能只说一个词，听话者就已经完全明白其意思了。

总之，教师在进行口语教学时，不必要求学生的表达一词不差。即使对一些必须纠正的口语表达错误，也应当在学生讲完以后再进行纠正，不宜为了纠正学生的错误而不断地打断学生的讲话，否则将会导致学生因为害怕犯错误而不敢开口。

6. 课堂内外兼顾原则

课堂内外兼顾是指口语教学不仅要注重课堂，还要兼顾课外。课堂的时间是十分有限的，分配给英语口语教学的时间更是少之又少，只依靠课堂时间难以有效提高学生的英语口语能力，因此，口语教学需要与课外活动相结合。

课外活动是课堂教学的继续和延伸，是课堂教学的补充。教师不仅要注重课堂教学，还应该组织课外活动为学生提供、创造条件，指导学生在不同场合运用所学知识进行正确、恰当、流利的口语操练，比如，组织英语角、英语演讲比赛、英文唱歌比赛等，让学生通过这些课外活动复习、巩固所学的知识，培养学生说英语的兴趣，培养和提高学生的英语表达能力。没有课堂上紧张的气氛，这类课外活动更能够降低学生的焦虑感，保证了学生交际的积极性和信心，提高口语交际的质量。

（四）大学英语口语教学的方法

1. 口语游戏教学法

口语游戏不仅可以吸引学生的注意力，使学生对口语学习产生浓厚的兴趣，还可以使学生在锻炼口语表达的同时学习到相关的语法知识。

2. 流程卡教学法

流程卡教学法即让学生根据流程卡上的提示完成对话，这样的教学方法可以使教师对口语教学的整个过程进行调控。教师将所学材料的内容制作成流程卡，将学生分为两组，将不同的流程卡分发给两组学生，学生根据流程卡的要求进行活动。其具体过程如图 3-2-1 所示。

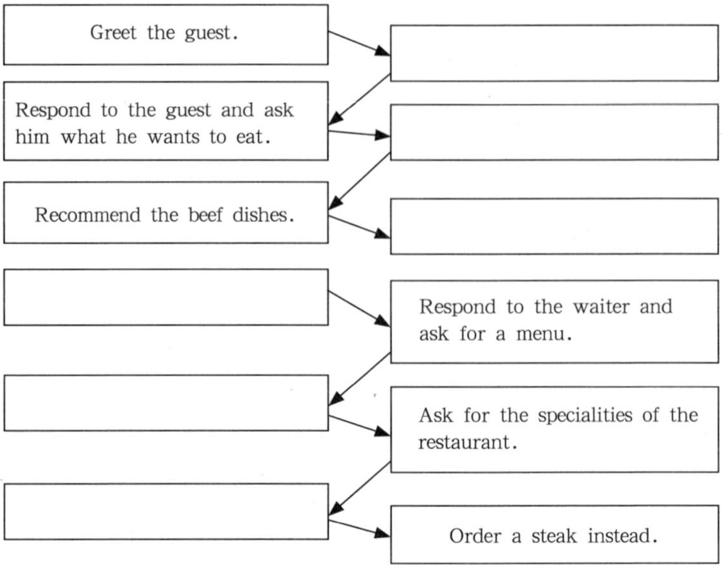

图 3-2-1　流程卡流程

3. 角色扮演教学法

角色扮演是口语训练中经常采用的活动形式。教师应为角色扮演提供一个语言环境，角色之间必须进行交流，只有交流才能实现信息的传递，顺利完成任务。角色扮演为学生留下了足够的自由发挥空间，使学生能充分表达自己的想法。

第三节　英语阅读和写作教学探索

一、大学英语阅读教学

（一）阅读教学的内容

英语阅读教学应帮助学生提高阅读能力，使学生能够快速、有效地获得所需知识、信息。大学英语阅读教学的内容主要是对学生阅读技巧的培养，主要涉及以下 5 个方面。

1. 词义猜测技巧教学

词汇障碍是我国学生进行英语阅读的一大障碍。词汇障碍一方面是指词汇量不足，另一方面还涉及学生对生词的心理障碍及缺乏词汇处理技巧等。传统的阅读教学存在一个弊端：教师往往在学生阅读文章之前就将新单词逐一呈现给学生，这样在阅读过程中学生也就不需要猜测新词的词义了。长此以往，词义猜测的技巧便被师生忽视了。因此在英语阅读教学中，教师要适当地呈现新单词，教会学生必要的词义猜测技巧。

词义猜测是根据上下文、语境，以及词汇结构等线索来推断词义。以下我们介绍六种常见的猜测词义的方法。

（1）利用构词法猜测词义

从构词法的角度来说，单词可以由三部分组成：前缀＋词干＋后缀。其中，词干决定单词的基本词义，在基本词义基础上，单词加上前缀可以进一步衍生出不同词义的单词，而后缀通常用以表明词性。因此，在进行词义猜测时，我们可以运用构词法方面的知识，对生词加以识别、猜测。其中，最关键的是要知道词干的基本意思。

（2）利用同义词和反义词猜测词义

猜测词义的又一种常见的方法即用同义词或反义词来猜测。英语中有大量的同义词和反义词，为了避免单调乏味的表述，作者通常都会变换词汇，或者变换句式来实现表达的多样性和灵活性。因此，在英语阅读中遇到新单词时，教师可以引导学生寻找一下是否有相似或相反的表达法。需要强调的是，我们这里所说的同义词和反义词并不仅仅指单词与单词之间的对应关系，也可以指单词与词组之间、单词与从句之间的对应关系。

（3）根据定义式线索猜测词义

有些情况下，为了更好地表达思想，作者通常会在文章中对一些重要的术语、概念或词汇给出定义。因此，学生在英语阅读中遇到生词时，可以利用这些定义或具有解释性的信息来猜测词义。一般情况下，作者在给出定义时往往会用到一些线索词，如定语从句 namely，be called，be known as，be defined as，refer to，in other words，that is 等。有时作者还会使用标点符号，如逗号、冒号、破折号、括号，或使用一些特殊字体如斜体或加粗等来给出定义。

（4）根据举例猜测词义

举例能把一个抽象的词变得具体化，因此，学生可以通过寻找例子中的共性猜测出生词的词义。暗示举例的指示词通常包括 for instance，for example，like，such as 等。

（5）根据阐述猜测词义

阐述与定义有相似之处，但它没有定义详细、严谨，但是阐述提供的信息足以帮助我们猜测生词的词义。阐述的部分可以是适当的词、短语或者句子。阐述与单词通常以同位关系出现。构成同位关系的两部分之间一般用逗号连接，有时也使用冒号、破折号、引号和括号。同位语前通常会有标志词出现，如 namely，similarly，or，that is to say，in other words 等。

（6）根据生活经验和常识性线索猜测词义

这种技巧是指根据句子、段落、篇章以外的知识来猜测词义。有时，当分析篇章的内在逻辑无法猜出词义时，学生就需要运用生活经验和常识来确定词义。

2. 预测技巧教学

阅读不是单向线性的被动信息传递的过程，而是一个主动获取信息的过程。在阅读过程中，学生不断地进行预测，然后经过验证与修正来证实或者否认预测。在实际的阅读中，预测有利于提高学生的阅读效率和准确率，有利于增强学生的阅读兴趣。因此，在英语阅读教学中，教师要教会学生预测的技巧。预测分为两种：一是对文章主题和体裁的预测；二是对篇章结构和段落层次的预测。

（1）对文章主题和体裁的预测

我们可以凭借文章的标题来对文章主题和体裁进行预测，因为标题通常是对一篇文章内容最核心的凝练。例如，当我们阅读一篇标题为 *Four ways to Happiness* 的文章时，我们会预测出文章的主题是关于如何使人感到幸福的方法等，还可能会预测出文章的体裁为说明文。

（2）对篇章结构和段落层次的预测

一篇文章往往会按照一定的逻辑顺序发展。记叙文通常按照事件的发生顺序进行叙述，所以学生能够预测到篇章的安排顺序。描写文大多按照空间顺序、时间顺序等进行描写，而议论文和说明文一般由三大部分组成，即开篇、正文、结尾。对文章的篇章结构进行预测能帮助学生快速掌握文章的写作思路，确定文章的中心内容。此外，段落安排也有一定的组织方式，比如，定义法、分类法、例证法、因果法、归纳法、演绎法、比较与对比法，以及按照空间、时间、过程等顺序展开。

3. 略读技巧教学

略读是指通过快速浏览阅读的方式来抓住文章的中心思想或主要内容。因此在英语阅读中，学生不需要细读全文，要有选择地跳过次要部分，集中阅读有助于把握文章主题的关键信息。略读对学生的阅读速度要求较高，通常要达到一般阅读速度的两倍；然而，略读对阅读精度要求较低，学生只需对全文有一个大概的理解。在英语阅读教学中，教师要有意识地训练学生的阅读速度，细致地、有针对性地指导学生进行略读。教师一般采用关注文章的首段和末段、找出文章的主题句和关键句，选出文章标题等练习活动来培养学生的略读技能。

4. 寻读技巧教学

寻读是指在阅读过程中忽略次要的或不相关的内容，其目的是在阅读材料中查找出某特定细节信息或事实。与略读不同，寻读是一种选择性的阅读，其阅读的重点在于寻找具体信息，而不在于对全文的理解。寻读有利于提高学生的阅读速度和准确度，有助于增强学生定位信息的能力。因此，教师一定要注意在英语阅读教学中训练学生的寻读技巧。

作为一种阅读技巧，寻读的基本步骤如下。

（1）在寻读开始之前，确定所要寻找的具体信息

换句话说，学生需要带着问题进行寻读。这就要求学生查找并确定文章内容的关键词或主题词，利用文中有关暗示和线索，以最快的速度寻找需要的某个具体细节。

（2）在确定寻找内容之后，确定信息可能出现的形式

比如，学生要想知道某个时间，那么他就需要集中注意力寻找各种时间的表达形式，如日期、年份等；学生要想寻找书名、报刊名，那么就需要重点关注斜体字；如果学生需要寻找的是有关一个人的职业的具体信息，那么就应该留意诸如 work，employment，occupation 此类的同义关键词。

（3）在文中迅速移动视线，定位关键词

找到关键词之后学生可以降慢速度，仔细阅读关键词周边的信息，直到找到所需的具体信息。找到所需信息后，整个寻读过程结束。

在寻读教学活动中，教师应该注意以下两点。

①寻读的目标信息一般为具体信息，因此教师在设计寻读练习时要避免太过概括性的问题，而应针对具体信息设计具体的问题。

②寻读活动开始前，教师要让学生清楚地了解任务要求、寻读时间限制。等到全班至少三分之二的学生完成任务时再结束寻读。

5. 推理技巧教学

推理是指解读文章字里行间的意思。它是学生从低级阅读发展到高级阅读必须具备的一项阅读技能。推理是一种积极主动的创造性行为，是学生根据已有信息、已有知识和经验对阅读材料中的信息进行再处理的过程。在英语阅读教学中，

教师一定要注意培养学生的推理技巧，提高学生阅读的质量和效率，保证阅读教学的顺利开展。具体而言，教师要从以下七个方面着手。

（1）推测作者的观点

作者的观点通常带有明显的个人色彩，受到其自身个性、价值观等多种因素的影响，因此教师要教会学生从文章背景以及文中提供的线索来进行推理，找出作者的观点。

（2）推测作者的态度

作者往往会通过在叙述中变化语气来表达对叙述对象的情感；通过变化写作风格来表达对事物的态度，如客观、主观、赞赏、讽刺等。因而，教师还要教会学生从作者的语气和写作风格中来推测作者的态度。

（3）推测词语的隐含意义

在不同的语境中，作者会赋予一个词不同的或者隐含的意义。因此，教师在阅读教学中要教会学生根据具体的语境推测词语的隐含意义。

（4）推测作者的意图

一般情况下，作者不会在文章中直接表明自己的写作意图，学生只能依据作者提供的信息进行推测，才能明白作者的写作意图。因此，教会学生推测作者的写作意图也是英语阅读教学的一个主要内容。

（5）推测作者没有表明的结论

作者没有直接表明的结论，也需要学生依照作者提供的信息进行推测。

（6）教会学生识别主题思想和论据

主题思想是作者自始至终要说明的问题，是文章中要表达的核心内容。能否抓住一篇文章的主题思想，是学生概括、归纳和总结能力的体现，而论据则是对主题思想的解释说明或支撑。为了提高阅读质量和阅读效率，在阅读过程中，学生要有意识地识别文章的主题思想和论据，这是一项十分重要的阅读技能，因此教师一定要注意培养学生的这一阅读技能。

（7）教会学生识别指代关系

指代现象是英语篇章结构的一个显著特征，具有衔接上下文，避免重复等功能。文章中常用指示代词 this，that，it 等来实现上下文的衔接，指示代词本身不能表示确定的意义，它们的释义必须依赖于它们所指的对象。指代通常有两种情况：前指和后指。前指是指代前文已经提到过的事物或事件，所以我们需要从前文中找到指代对象；后指则是指代下文将要提到的事物或事件，因此，要从后文中找到指代对象。学生如果不能正确地判断所指对象，对文章的理解就会出现偏差，造成阅读障碍。因此，在英语阅读教学中，教师要教会学生识别指代关系，这样学生才能更好地理解文章。

（二）阅读教学的原则

1. 真实性原则

真实性原则包括两个方面：阅读材料的真实性和阅读目的的真实性。

阅读材料的真实性是指教师所选择的阅读材料最好是学生喜闻乐见、与学生的日常生活相关的文本材料，材料所使用的语言难度应符合学生的语言水平。不同的阅读材料可以用来训练学生不同的阅读技能，从而提高学生的综合阅读技能。

阅读目的的真实性是指教师根据教学目的选择合适的教学方法，设计合适的、针对性的阅读教学活动。这是因为人们的阅读活动通常具有一定的目的性，为获取信息、验证已有知识、了解作者思想和写作风格等。目的不同，教学的方式方法也应有所不同。需要注意的是，不管何种阅读目的，都不应忽视学生的实际学习需求，这样才能充分调动学生的积极性。

2. 激发兴趣原则

兴趣是最好的老师，强烈的学习兴趣往往能够驱动学生更加积极主动地学习。对英语阅读教学来说，兴趣因素在很大程度上决定了阅读教学的成败，尤其是对大学生而言，课上时间毕竟是有限的，只有出于兴趣，学生才会在课外主动地去阅读。因此，教师在阅读教学过程中一定要时刻注意激发学生的阅读兴趣，保持学生对阅读课程的新鲜感。例如，教师可以适当变化课堂教学内容、教学形式及教学手段，避免枯燥单一的教学活动，从而使学生乐于阅读，擅长阅读。

3. 因材施教原则

学生是学习的主体，然而学生与学生之间无论是在个性上还是在语言水平上，都不可避免地存在一些差异，因此学生的阅读能力就会有所不同。对此，教师必须遵循因材施教的原则，选择合适的教学方法满足不同水平或层次的学生的需求，使每个学生的阅读技能都能得到提升。对于阅读能力较差的学生，教师应选择较容易的阅读材料，设计较简单的问题，学生顺利完成这些问题后可以重树信心，看到自己的进步之后就会以更大的热情投入学习。学生有了一定的积累以后，教师可适当加深难度，使学生的阅读能力再上一个台阶。教师还应根据学生的学习反馈，及时调整教学活动。对于阅读能力较强的学生，教师可推荐一些世界名著、有名的期刊报纸等阅读材料，同时布置一些富有挑战性的任务，在增长见识的同时挑战新的高度，从而达到更高的阅读水平。

4. 多样性原则

多样性原则包括两个方面：形式的多样性和内容的多样性。形式的多样性要求阅读材料不能局限于一种体裁，而应经常变换体裁，使学生熟悉各种体裁的行文特点，培养与之对应的阅读技巧；内容的多样性要求阅读材料不能局限于一类主题，而应经常变换题材、增加阅读的新鲜感、开拓视野，使学生可以应对各种题材的文章。教师可根据多数学生的兴趣、爱好和需求，选择适合多数学生实际需求的阅读材料，提高阅读的实用性，满足学生实际的、多样的需求。

（三）阅读教学的方法

1. 阶段式教学法

阅读教学可以分为阅读前、阅读中和阅读后三个阶段，每一个阶段都有不同的特点和方法。教师在阅读教学中可以在阅读的不同阶段实施不同的教学方法。

（1）阅读前的方法

①扫除障碍。词汇是影响学生阅读的最主要因素，教师在阅读教学中可以利用不同的方法帮助学生扫除障碍。在教学过程中教师应采用对话、故事、图片等形式，设计语境为学生导入词汇。此外，教师还可以在课前指导学生进行预习，并适当布置一些预习题，这样不仅能培养学生学习的积极性，还能帮助学生明确预习目标，做到有的放矢，并能为课堂教学的顺利进行做好心理和知识的准备。

②逐层扩展。词汇是阅读的基础，词汇依据一定的法则又能组成句子，句子根据一定的连接关系又能组成不同的段落，相关段落的连接就构成了一篇文章。英语阅读同样需要语法知识来作为支撑，因此，在阅读教学中也要进行语法教学。在学习新的语法知识时，教师可通过复习旧的语法知识引出新的语法知识，从而实现知识的再现和滚动，增强学生的记忆，巩固学生的知识。

③预测情节。预测阅读内容的情节对阅读的顺利完成具有很大的促进作用。因此，教师可以在课前让学生根据题目或关键词，大胆地想象、预测故事的情节，从而激发学生的积极性，引发学生对阅读的兴趣。对文章的情节进行预测不仅可以巩固学生对已有知识的掌握，还可以培养学生的逻辑推理能力，为学生准确把握文章的主旨提供帮助。

④激活背景。语言是文化的载体，语言也是文化的一种具体表现形式，英语学习不仅包括对英语知识的学习，而且还包括对英语国家文化的学习。学习一种语言的过程就是学习另一种文化的过程。因此，在英语教学中教师应该为学生提供一定的英美国家的文化知识，使学生对英美国家的社会文化以及思维模式有一定了解。

（2）阅读中的方法

①略读。略读是指一种选择性阅读。略读的目的是通过对文章大致内容的阅读来快速了解文章的大意。略读主要包括对文章的主题、标题、黑体、画线部分、关联词、首段、尾段以及每段中的首句、尾句的内容的了解。

②跳读。跳读的方法适合于阅读目的比较明确时，譬如，问题是关于时间的，学生就可以采用跳读的方法，对有关时间的内容进行阅读和了解，对于其他信息则可以不考虑。

跳读不仅可以帮助学生快速地进行语言信息的比较、筛选，还可以提高学生的语言敏感度以及对于重要信息的捕捉能力。因此，教师在阅读教学中应该有意识地培养学生的跳读意识和跳读能力。

（3）阅读后的方法

在英语阅读教学中，阅读后的阶段也是一个重要环节。很多教师在阅读完成后认为阅读教学已经结束，对阅读后的教学没有足够的重视。阅读后的环节是对知识的巩固，教师应尽量开展一些活动以促进学生对知识的巩固。

①复述。复述是对阅读内容的一种回顾，复述的前提是学生对阅读材料已经有了一个大致的了解且没有生词障碍。在这一前提下，教师可以让学生根据图片和关键词对阅读材料的大致内容进行复述。复述不仅可以体现学生对阅读材料的理解程度，也可以通过阅读来提高学生的口语能力。

②填空。教师在阅读后可以写出文章的大体内容，留出细节部分让学生来补充。学生在补充内容时，既可以巩固阅读的内容，又可以提高自己的语言组织能力。学生在补充内容时应尽量使用不同的词和短语进行表达，进而有效提高自己的知识运用能力。

2. 游戏教学法

游戏教学法是指在阅读教学中开展一些有趣的活动来激发学生的阅读兴趣。

（1）图片故事

该方法是利用学生对事件的预测来激发其阅读兴趣。教师可以根据故事情节的发展制作一些卡片，这些卡片是对事件的整体描述。将学生分为四人小组，教师首先向学生展示第一幅图片，学生根据图片的内容对接下来即将发生的事情进行预测；接着教师展示第二张图片，学生根据图片的内容对自己的预测进行修正，直至图片展示完毕。最后教师引导学生进行文字材料的阅读，找出文字材料与图片的差别。

（2）学习日志

记学习日志有助于增强学生的文章结构意识，对段落、文章等形成整体的构架。教师可以让学生将一张纸对折撕开，在阅读时将主要内容写在左边这一半的纸上，自己对这些内容的理解写在另一半纸上，然后让同伴或全班同学对所写内容进行讨论。

二、大学英语写作教学

（一）写作教学的内容

在英语写作中，具备了结构完整、内容充实、语言流畅、和谐连贯、语句简洁等特点的文章就是一篇好的文章。写作的优劣取决于内容、结构和风格技巧的运用。因而，在大学英语写作教学中，结构、句式、选词、拼写和标点符号等依然是重点教学内容。

1. 结构

（1）谋篇布局

在写作之前进行谋篇布局对于写作来说非常重要。因为结构是写作的基础，学生有必要了解不同体裁文章的谋篇布局，根据写作目的选择适当的扩展模式。从篇章结构来说，结构应是引段—支撑段—结论段。从段落结构来说则是主题句—扩展句—结论句。但谋篇布局并非一成不变，而是根据体裁的不同而不同，在不同的文章中主题句、扩展句及结论句的作用是不尽相同的。例如，在说明性文章中，主题句的作用就是介绍主题，扩展句的作用就是以时间、重要性等顺序扩展细节说明主题，而结论句的作用则是概述细节、重述主题。在议论性文章中，主题句的作用主要是陈述读者认为正确的观点，扩展句是以说明的顺序扩展细节、阐述原因，而结论句主要用于总结和重述论点。

（2）完整统一

文章的完整统一是指所有的细节都服务于主题，如事实、原因、例子等都围绕主题陈述和展开，所有的信息都与主题相关、与内容切题，所有偏离主题的句子都要删除，同时保持文章段落的完整性。在教学的过程中，这方面的训练也是非常重要的，在训练的过程中可采用专项练习方式，如设计一篇文章含有不相关的段落，组织学生修改以增强学生这方面的意识。

（3）和谐连贯

在写作过程中，必须注意文章的连贯性和逻辑性，保证句子与句子之间紧密相连、内容之间衔接流畅、段落与段落之间环环相扣，使整篇文章流畅自然、和谐统一。其中，使用恰当的连接词可以保证句子严谨、段落紧密和行文流畅。此外，过渡词语可以起到增强文章连贯性的作用，因此，在写作中要恰当地使用过渡词语。

2. 句式

英语中句式的种类繁多，常见的句式包括强调、倒装、省略等，然而每种句式又有很多的变形，这就需要学生多加练习。掌握多样的句式是写好文章的关键，在写作教学中，教师可采用“示范”和“讨论”的方式让学生进行练习，增强学生对句式的认知，帮助学生掌握正确的表达方式。

3. 选词

选词也是大学英语写作教学的重要内容。选词体现着个人的风格，也是作者与读者之间交流的方式之一。因此词的选择要考虑语域的因素，如褒义词与贬义词、具体词与概括词、正式词与非正式词、形象词与拟声词的选择等。另外，选词还要考虑角色的因素及读者对象的因素等。

4. 拼写与符号

拼写与符号主要指单词的拼写和标点符号的正确与否，这些属于写作的基础知识，对写作有着重要的影响，也是大学英语写作不可或缺的内容。因此，在设计写作教学方式和内容时应将这些因素考虑进去，以增强写作教学的策略性和有效性。

（二）写作教学的原则

1. 循序渐进原则

虽然大学生在入学前已经学习了多年英语，但其写作水平却不容乐观。英语写作能力的提高不是一蹴而就的，而是一个由简到繁、由易到难、循序渐进的过程。卜玉坤教授曾经提出了“大学英语写作分阶段教学的具体方案”，大致分为以下 10 个阶段：①写简单句；②写复合句；③段落的组成及要点；④段落的发展方法；⑤文章的文体类别；⑥文章的结构；⑦写作步骤；⑧写作的书面技术细节与修辞手段；⑨范文分析和题型仿写；⑩独立撰写实践。

英语教师在教学过程中，应当根据学生的实际情况、学习阶段、实际水平进行指导，安排写作活动。

2. 任务原则

传统的大学英语写作教学往往存在教学语言脱离语境、脱离功能的现象，这样会导致两个结果：一是学生虽然可以构建准确的语言形式，但却无法用这些形式得体且完整地表达意义；二是所学语言脱离实际生活，无法调动学生的积极性，而任务化教学可以通过让学生完成一系列的任务达到教学目标，让学生在执行写作任务的过程中，充分感受语言形式和功能的关系，以及语言与语境的关系。因此，大学英语教学应当坚持任务原则。

3. 综合原则

大学英语写作教学要遵循综合原则。语言的四项基本技能听、说、读、写是相辅相成、相互促进的。写作绝不是单纯地写，也不能单纯地写，而要与其他技能相结合，这样才能使得写作课堂生动有效。例如，通过阅读，学生可以获取信息，并发现自己写作中的问题；通过课堂上的讨论，学生可以相互交流写作的意见，逐步完善自己的写作。无论是写作前的准备，还是写作后的校对，听、说、读都贯穿了写作活动的始终。

4. 采用多种表达方式原则

在英语中，同一个意思有着多种不同的表达方式。丰富的表达方式不仅可以有效弥补学生在语言知识上的不足，还可以提高学生灵活运用语言的能力。因此，在英语写作教学的过程中，教师要鼓励学生采用不同的表达方式。

5. 正确对待错误原则

学生在写作过程中会不可避免地出现一些错误。教师对待学生错误的态度会直接影响学生写作的兴趣与动机，正确的态度可以激发学生的写作动机，反之则会打击学生的积极性。因此，教师应该对学生写作中存在的错误持宽容的态度，鼓励学生在写作中大胆使用新的词汇，这样可避免他们为了追求语言的准确性而尽量不使用新的词汇。当然，对那些学生经常或集中出现的错误应当进行详细讲解，以免学生一犯再犯。

（三）写作教学的方法

1. 选题构思方法

文章的写作离不开构思，构思是写作的前提。选题构思主要有以下三种方法。

（1）思绪成串式

思绪成串式是指将主题写在纸中间的一个圆圈里，一想到与主题相关的关键词就写下来，并画个圈，然后将这些观点进行归纳总结，最后确定写作思路。

（2）自由写作式

自由写作式是指学生在看到题目的同时，大脑就开始围绕主题展开思考，并将头脑中形成的与主题相关的信息及时记录下来。将脑中所想的信息记录完毕之后，再回头阅读所写的内容，从中挑选出有用的信息，这样写作的思路便打开了。

（3）五官启发式

五官启发式主要是通过所看、所听、所闻、所尝等方面去搜寻与主题有关的材料，当然这些方面也没有必要面面俱到。五官启发式常用于描写文中。例如，要写一篇题为“My Best Friend”的文章，就可用以下方式开始。

视觉：He has a round smiling face. He walks slowly for he enjoys talking while walking. He likes to swing his pen in his hand when he has nothing to do with his hands in class. He often makes faces when he's happy. He does his homework quickly and often helps others and me with math problems. He likes to play ping-pong with me.

听觉：He whistles a tune when he is alone. He can talk on and on about computer games. Whenever he understands something, he is always saying, “Oh, I know, I know.”

触觉：When we play ping-pong, I can feel his toughness and strength. And he is quite good at it.

2. 开篇方法

完成对选题的构思，就要开始文章的写作了。一篇文章的开头要出彩且引人注意，这样才能吸引读者继续读下去。下面介绍四种常用的开篇方法。

①开门见山式。开门见山是指在文章的一开始就提出观点，突出文章主题。

②描写导入式。描写导入是指通过描写背景导入正题。

③下定义式。下定义的方法是指在开篇给出必要的解释说明，以帮助读者理解。

④提问式。提问式就是通过提问的形式开篇，目的是激发读者的好奇心，吸引读者的注意力。

3. 段落展开方法

一篇文章有了出彩的开头，就要进入正文的具体展开。这主要涉及以下四种段落展开的方法。

①按时间展开法。按时间展开就是按照事件发生的先后顺序来记叙一件事，先发生的事件先写，后发生的事件后写。

②按空间展开法。这种方法通常是指根据一定的空间方位来进行描写，通常用于一个地方或景物的描写。

③按分类展开法。这种方法常用于说明文的写作中，通常是将要说明的事物按其特点进行分类，并逐一说明。

④按因果关系展开法。按因果关系展开法常用于说明文的写作中，有时是先描写结果，然后分述原因；有时是先说明原因，然后给出结果；有时是既分析原因也分析结果。

4. 衔接方法

一篇好的文章不仅要保持内容上的完整，还要保持结构上的连贯性，也就是文章结构条理清晰，层次分明；各个部分有机结合、紧密连接；句子或段落之间不能前后脱节、语无伦次。为此，需要运用衔接手段，确保文章结构流畅，衔接自然。常见的衔接手段有使用平行结构，保持名词和代词的数量和人称一致、动词时态一致，使用过渡词语，使用代词和重复关键词语等。

5. 结尾方法

①总结式。总结式是在文章结尾处对全文进行概括总结，以揭示主题，加深读者的印象。这是一种最常用的文章结尾方法。

②建议式。建议式结尾主要是针对文中讨论的现象或问题，提出建议或解决方法。

③展望式。展望式主要是在文章结尾表达对将来的期待，可以很好地提升文章的感染力。

④警示式。警示式主要是根据文章论点，在结尾处揭示问题的严重性，以引起读者的思考。

第四节　英语翻译教学探索

一、翻译教学的内容

翻译教学的主要内容，包括三个部分。

（一）翻译基础理论

学习翻译基础理论能够帮助学生从宏观上把握和决定组织译文的思路。翻译基础理论知识包括对翻译活动的认识、翻译标准和翻译过程的了解、翻译对译者的要求（即译者的素养）、工具书的运用等。下面重点介绍翻译过程。张培基在《英汉翻译教程》（修订版）中将翻译过程分为三个阶段：理解、表达和校核。

1．理解

译者在理解原文的过程中，要解决以下三个问题。

①要理解原文中涉及的事物的背景知识和相关知识。

②要理解和分析句子间的逻辑关系，这样可以帮助我们理解靠语言分析不能解决的问题。

③要理解原文的语言现象，即对一些词语、短语、成语和表达方式的正确理解，特别是对多义词的理解，弄清其含义。

2．表达

表达是把理解了的内容传达出来。在这个过程中要处理好以下三组关系。

①处理好忠实与通顺的关系。在翻译的过程中要力争做到两者兼顾。

②处理好内容与形式的关系。翻译时尽量同时传达出原文的内容与形式，无法两者兼顾时要放弃形式，传达语义。

③处理好创作与翻译的关系。在翻译过程中，译者要时刻提醒自己是在翻译别人的作品，尽量克制自己的创作欲望和语言风格；要尊重原作者的创作，又要尊重译入语的语言规范。

3．校核

此阶段是理解与表达的进一步深化，是对原文内容进一步核实，对译文语言进一步推敲的阶段。我们在翻译时尽管会十分细心，但译文难免会有错漏或字句欠妥的地方。在审校阶段应该特别注意以下四点。

①人名、地名、日期、方位、数字等方面有无错漏。

②译文的段、句或重要的词有无错漏。

③修改译文中译错的和不妥的句子、词组和词。

④力求译文没有冷僻罕见的词汇或陈旧的论调，力求译文段落、标点符号正确无误。

通常情况下，译完之后至少需要审校两遍：第一遍主要审校内容；第二遍着重润饰文字。只有这样，译文才算是定稿。

（二）英汉语言对比

英汉语言对比不仅在语义、词法、句法、文体篇章这些语言层面上对英汉两种语言进行对比，掌握其异同，还要进一步在文化层面、思维层面进行英汉对比，以便在翻译过程中完整、准确、恰当地传达出原文的信息。举个例子来说明。

中西方在人称代词的顺序上有很大的不同。中国人受孔孟儒家文化的影响，在汉语里强调“尊人卑己”。因此，在人称同时出现时，“我”常常出现在最后。英语中，由于受罗马文化、希腊文化和希伯来文化的影响，第一人称“I”始终是大写的，以凸显其“个人中心主义”的特征。汉语里强调“吃苦在前，享乐在后”，而英语中则表现为“The first in danger as the first in fame.”，意思是“吃苦在前，享乐也应在前”。

（三）翻译技巧与翻译实践

翻译技巧就是为了保持译文的通顺，在内容大致不变的前提下，对原文的表现方式和表现角度进行改写的方法。常用的翻译技巧有调整语序、转换词性、正译与反译，增补与省略、主动与被动，句子语用功能的再现等。

翻译实践实际上就是如何在翻译理论的指导下更好地进行翻译。因此，如何科学、合理地构筑翻译学的理论体系，并将其运用到翻译教学中，也是翻译学研究的重要课题之一。

二、翻译教学的原则

（一）循序渐进原则

翻译活动应当遵循由浅入深、循序渐进的规律，所选的语篇练习也应该是先易后难，从学生最熟悉的内容、最了解的题材入手。这样由浅入深学生学习起来自然会有信心，并且会逐渐培养起对翻译的兴趣与热爱。

（二）题材丰富原则

当今社会需要的是实用型、综合型的翻译人才。因此，为了适应社会各方面对翻译人才的需求，翻译练习的材料应该多样化和系统化。例如，翻译的文体应该涵盖应用文体、新闻文体、广告文体、法律文体、文学文体等，每一种文体学生都能基本做到触类旁通。教师还要对每一种中英文文体的功能和特点进行介绍，以便让学生了解，并在练习中加以体现。此外，文体翻译练习并不是单一进行的，可以将翻译中常见的问题与各文体的练习结合起来。例如，某类翻译问题在某种文体练习中出现得比较多，在其他文体中则出现得较少，教师就要及时解决这些问题，将问题的解决与文体语篇的练习结合起来。

（三）培养翻译能力与翻译批评能力相结合原则

教师在培养学生翻译能力的同时，还要注意提高学生的翻译批评能力。翻译批评能力是指对别人的译作进行客观的评价，既要点评优点，也要批评缺点，还可以对错误的地方进行修正。这样做有利于学习他人的长处，并反思自己的错误，避免以后再犯。因为学生能够对别人的译作进行批评时，也就能对自己译作的优劣心知肚明了。

（四）翻译速度与翻译质量相结合原则

翻译教学的目的在于培养学生的翻译能力，既包括技巧的掌握、译文质量的保证，还包括较快的翻译速度。在实际的翻译活动中，常常会有催稿、急稿的情况发生，如果翻译速度太慢，可能会完不成翻译任务。因此，在翻译教学过程中，教师要经常提醒学生有意识提高翻译速度。例如，教师在教学过程中可以经常做课堂限时练习，如英译汉练习的量可以先从每小时 200 个左右的英文单词开始，以后逐渐增加到每小时 250～300 个英文单词甚至更多。此外，对于课后练习也可以让学生尽量在规定的时间内完成。

（五）注重实践原则

翻译教学离不开实践。要想达到掌握技能的目的，教师就必须要求学生进行一定量的练习，每周至少要练习翻译一篇文章，让学生在练习中去感受、思考，想办法解决问题，从教师的讲评中把这些感性的经验和自己思考的结果上升到理论。通过不断的实践、思考和总结，学生分析问题和解决问题的能力才会不断提高，翻译能力和水平也会不断提高。因此，翻译教学的重点就是对学生翻译过程的关注，帮助、训练和鼓励他们解决理解、表达和审校过程中遇到的具体问题。只有这样，才能让学生今后在走上工作岗位后能不断学习和探索、独立解决翻译实践中的问题，这样培养出来的学生才会有学习能力和创造能力。

三、翻译教学的方法

（一）结合语境

语境也就是言语环境，包括言语的宏观环境和微观环境。其中，宏观语境包括话题，场合，对象等，它使意义固定化，确切化。微观语境是词的含义搭配和语义组合，它使意义定位在特定的义项上。在翻译过程中，宏观语境和微观语境都要考虑到，只有两者相结合，才能准确翻译。同时，译者不仅要依据自己的语言知识获取句子的意义，还要根据原文语境中的各类信息进行推理、思辨，获取原文作者想要表达的深层意图，进而确定相应的译文，准确表达原文的意思。

翻译中的理解和表达都是在具体的语境中进行的，词语的选择、语义的理解、篇章结构的确定都离不开语境，语境是正确翻译的基础。因此，在具体的教学过程中，教师要引导学生在理解原文的基础上紧扣语境，反复推敲，以达到准确传达原文意义的目的。

（二）引入图式

图式是人类脑海中对外部世界知识的组织形式。人类与外部世界的一切交往都会在脑海中形成模式，这些模式包含了相关事物、情境的系统知识。当人们遇到类似事物时，就会激活大脑中相应的知识片断（即图式），从而轻松地理解该事物；而当人们的大脑中没有与所遇事物相关的图式时，就很难理解该事物。由此可见，图式对于理解有着重大意义，以准确理解为基础的翻译活动受到了图式的较大影响。

在具体翻译的过程中，教师可以为学生提供一些语言材料，这些材料需要激活图式才能被正确理解，然后要求学生根据这些材料进行翻译。同时，教师要帮助学生记忆语言的形式和功能，调动相关的图式，以帮助他们修正和充实对事物的认知图式。

（三）引导推理

推理是根据已知的内容或假设，运用逻辑推理得出结论的过程，也是实现认知的一个重要方法。翻译学习中，学生总会遇到一些生词，如果每个都查字典，就会浪费大量的时间。如果学生掌握了推理技能，就能快速理解很多生词。另外，推理策略的运用有助于把握事物间的联系，促进语言的理解。因此，在翻译教学中，教师应培养学生推理意识和能力。

然而，推理并不是译者凭空想象做出的，而是根据文本内容、结构做出的。具体来说，学生看到文本的内容后，可以依据已有的经验以及原文的结构、逻辑连接词、上下文等做出推理，这些推理可以为学生提供一些额外的信息，对原文的理解也会更深刻、更全面，译文质量也会提高。但无论哪一种推理技巧，都必须建立在正确识别语言结构、内容的基础上，否则推理就变成了毫无根据的想象，脱离了原文，译文的可信度也就无从谈起了。

（四）引导猜词

词汇是构成语篇的基本单位，学生的词汇量以及对词汇的掌握程度都会影响概念能力的形成。研究指出：概念能力是指在理解原文过程中对语言文字的零星信息升华为概念的能力，是原文材料的感知输入转化为最佳理解的全部过程。由此可以得出结论：词汇影响概念能力的形成，而概念能力又会影响理解，理解最终影响了翻译的质量。因此，对词汇的掌握程度及猜测生词的能力成为翻译教学的关键，教师应为学生介绍一些常用的猜词策略。

①结合实例猜测词义。有时下文中列举的例子会对上文提到的某个词语进行说明、解释，这就为学生提供了猜词的线索。

②根据构词法猜测词义。英语词汇的构成是有规律可循的。掌握了这些规律，学生就能很快猜出部分生词的含义。因此，教师应传授学生英语构词法的知识。

③利用信号词猜测词义。信号词就是指在上下文中起着纽带作用的词语，这些词语对于生词的猜测有着重要的意义。

④通过换用词语猜测词义。英语语篇有时为了避免用词的单调、重复，会使用意义相同或相近的词语来表达相同的含义，学生可以利用相对简单的同义或者近义词来推测生词词义。

第四章　现代英语教学的方法与模式创新

各大高校都十分注重英语教学工作，英语课程无论是开设的“广度”（开设英语课程的院校数量），还是开设的“深度”（英语课程在高校中开设的课时量）都十分可观。但是英语教学的方法与教学模式却和它在高校中的重视程度不相协调，还有许多不足之处，本章就针对这类问题对现代英语教学的方法与模式创新进行研究。

第一节　英语教学的方法与应用创新

一、情境教学法

（一）情境教学法概述

1. 情境教学的基本理念

（1）情境教学的活动要具有自主性

在实际英语教学过程中必须充分处理好学生主动性的问题，因为这关系到学生与教师交流的稳固性，而且学生才是实施英语教学过程中的关键。正如中国古语“尊其师，奉其教”中传达的那样，一个以尊重、自由、信任为核心的师生关系，更有助于教学工作的顺利开展，这种关系的建立与否也是教育成效优劣的关键所在。进行情境教学的过程中，必须让学生处在一种自由开放的空间之中，任其独立发展，从而充分发挥自主性。教师促进学生的自主性，可以使得学生不断寻求自己水平的突破，不断完善自己的知识框架体系，在这个过程中，学生每时每刻都能感受到自己是学习的主导者，更有投入学习的热情与动力。

（2）情境教学的活动具有创造性

学生在实践自己的学习动机的过程中，尝尝会迸发学习方式的创造性灵感。情境性教学模式的构建，可以强化与促进教师与学生之间的沟通，帮助两者培养创造性。教学过程中，难免会出现一些有争议的元素，以及一些难以确定的问题，在这个境况之下，教师应摒弃“一言堂”的思维方式，不要轻易作出判断，应当充分给予学生合作与良性竞争的机会，使其在竞争中寻求合作，在合作中提高，从而彼此启发，共同进步。如此一来，学生在教学过程中不仅学到了知识，更激发了自己的创造性思维，体会到了探索未知领域的乐趣与成就感。创造性是情境教学的重要属性，在具体实践情境教学时，应当有意识地培养学生这种创造性的思维习惯与学习方式。

（3）情境教学的活动具有体验性

体验性是认知行为中固有的属性之一。英语教师在开展实际教学工作时，必须有意识地创设自由的、开放的、活泼的学习情境与思考氛围。教师在这个过程中引领着学生发挥创造力，努力获取知识，积极诉诸实践。学生在情境教学中充分感受思考与体验的快乐，使整个思考的过程变得和结果一样重要，甚至某种意义上来说其重要性超过了结果。学生在情境教学中进行思考与体验，感受其中的快乐与乐趣，探索成功的滋味与意义。

2．情境教学引导学生参与教学

大学英语是属于语言教学的范畴，开展语言教学的目的与意义在于，使学生掌握和形成口头表达的技能和进行书面写作的能力，总而言之是培养学生的英语交际能力。在英语课堂当中进行师生之间、学生之间的课堂互动，本身就是在进行语言交际活动，学生可以利用这个机会积极开展语言运用的实践。学生在课堂互动实践中不仅能够获取知识和掌握语言，也能够在这个过程中充分锻炼自己，同时培养自己更加积极主动、负责的学习态度。

让学生更多地接触英语并且更加主动地使用英语是学好英语的关键。学习一门外语就如同学习游泳，蜻蜓点水般的学习是无法掌握这门技能的，只有长时间的泡在水中，才能彻底掌握。对待英语学习也是，学生只有潜入英语的“水”中，大量的接触和运用英语，才能够掌握这门外语技能。英语教师就如同一个英语教练一样，她们不是英语学习者本身，而是一个指引者、帮助者。教师要注重对教学气氛的调动与活跃，通过设计一些互动的方式与手段，拉进教师与学生之间的距离。教师要积极营造自由、和谐的教学情境，充分激发学生的创造性思维，同时教师要一种饱满的、积极向上的状态开展英语教学活动。

在新学期开始的时候，教师可以将自己的名字写到黑板上，并且让学生分别提出关于教师的问题，教师对这些问题分别回答。再由学生将教师的一个特点写到黑板上，从而形成 *The Introduction of Our English Teacher*。在一个学期中不断开展这种带有趣味性、参与感的小活动，可以提高学生参与教学互动的热情与兴趣，学生是以主动的方式参与其中并进行思考，也能促进其主体意识的构建与形成，同时师生间的良好互动有利于形成教师与学生之间良好的、平等的合作关系，这对于最终达成英语教学的目的有相当显著的作用。

3. 运用问题创设情境，激发学生思维的火花

“学问”，要想“学”好当需要勤“问”。不仅在教的过程中多提问，还要在学的过程中多追问。“问”是良好学习效果形成的关键。巴尔扎克说过：“打开一切科学的钥匙毫无疑问的是问号。”[①] 在教学活动中，提问是最常见，也是最主要的师生互动方式。在课堂上，教师对学生进行提问可以有效地巩固学生所学知识，学生对教师进行提问可以在学习新知识的时候，加深对于新知识的理解与体会。无论是教师对学生提问，还是学生对教师提问，都可以实现由“点”拓展为“面”，举一反三的效果。提问活动不仅可以提高学生的智力水平，还对于增进师生的感情，提高整体教学质量有显著的积极作用。

教师提问质量的好坏在一定程度上关系着课堂效果的优劣。教师进行问题情境的创设时，要对教材内容进行深入的研究与思考，对学生的心理特点与能力水平进行有针对性的分析，从而选取更合适的情境模式，来实现对学生学习积极性的充分调动。在英语课堂之中，教师设计的问题，要以激发学生学习兴趣为主要目的，因此，教师要选取的问题要实现典型性与针对性的统一，要充分蕴含巧妙性与趣味性。

在课堂之上，教师要多注意选取一些具有开放属性的问题，通过借助这些问题，引发学生的理解与思考，并且教师还要鼓励学生大胆说出自己的评价与论述。对于一些内容比较封闭、知识面比较狭窄的问题要减少提问，这些问题有助于学生的记忆力提高，但不能提供很多带有思考性的知识型信息，这些问题的答案往往不具有多元化属性，而是非常固定的、单一的。所提问题应当渗透着人文主义的色彩，不只是局限于问题本身，更重要是传达教育的思想与意义。

总而言之，情境教学的开展可以极大地激发学生学习的兴趣，更好地帮着学生对所学知识进行理解。情境教学不仅可以陶冶学生的情操，增强学生对学习的热情与探求知识的兴趣，而且还可以更加深入的发展学生的创新性思维与能力。情境教学法可以促进学生进行自主学习，从而实现优于灌输式学习的教学效果。

---

① 檀明山．学会说理 学会雄辩[M]．福州：海峡文艺出版社，2004．

（二）情境教学中“支架”的提供

“支架”是一个比较流行的教育概念，许多人都对这一概念阐述了自己的理解，但是这些理解当中并不全都是准确的，有些没有达到深层次的理解水平，还停留在比较浅显的层面。这些对支架理念停留在表面的理解，会使得人们对于支架的理解过于泛化，从而产生一定的误解。造成一部分人看什么都像“支架”，另一部分人看什么都不像支架。下面对支架的概念进行深入的阐述。

所谓支架，是指为学习者提供的学习方面可能的支持。这些支持可以对这些学习者提供有效的帮助，帮助其快速进入发展区，激发其潜在的发展水平，当这些学习者的学习水平与能力逐渐提高之后，再去除这些支架的辅助。在学习过程中，支架是非常灵活多变的，并非具有固定模式，可以根据学习的目的与任务的不同相应采取不同的支架。评价一种支架的优劣，应当以其能否帮助学生实现发展区的跨越为标准。可以将支架分为一般性支架和特殊性支架两类，前者可以是应用于各个学科的支架，具有普遍性和一般性，后者则是在英语学科中才更为适用。

1．一般性支架

①范例支架：范例支架是指教师针对教学过程中最重要或最典型的主体对学生进行范例演示，使学生能直观地实现学习目标，可以有效避免冗长或含糊的解释过程。

②问题支架：有经验的教师会在学生的学习过程中自然地根据不同情境和阶段提出不同的问题，让学生可以根据问题来思考和研究，从而帮助学生攀着支架进入下一阶段。与此类似的还有建议支架，只是将疑问句调整为陈述语句。

③解释支架：当教师提出一些问题或给出一些任务时，为学习者提供一些问题定义的解释。学习者在学习过程中出现一些理解上的困难或者错误时，教师也可以适时地给予一些问题的解释，帮助学习者理解，从而进入下一个阶段的学习。

④策略支架：教师通过呈现给学习者多种方案、事件和观点，给学生以自主参与计划的制订和决策的空间，让学生通过对不同方案、策略的比较分析，加深对任务的理解和认识，从而通过协作交流，独立自主地制订解决问题的方案，完成学习任务。

⑤背景支架：背景支架指的是与教学主题相关的背景知识、典故、环境等。学生在接触一些自己完全陌生的任务或主题时，会茫然不知所措，教师若能适时地提供一些与学生原有的知识建构有一定联系的背景支架，使学生攀着这些支架

所搭建的桥梁，可以帮助他们比较轻松地理解新的学习内容。

⑥工具支架：对于一些比较难以理解和抽象的概念和知识，教师可以通过提供一些能够变抽象为形象的工具支架，用较为直观地方式帮助学生理解。在支架式教学的过程中，学生还要进行交流，因此，教师也需要提供一些可以帮助学生表达思想的交流工具。这种支架可以是多媒体课件、图形处理工具、网页动画设计软件，还可以是知识库、挂图、会话、展示平台、共享平台、网络论坛（BBS）等很多软件及一些硬件工具。

⑦定位支架：学生有时并不能很清楚自己的学习目标或任务目标，在学习过程中就会显得迷茫和无助，教师应该在一开始就阐明学生应当实现的目标及应当完成的任务，这样学生就可以很明确地了解自己的潜在发展区。同时教师可以帮助学生进行自我现有水平的定位，从而使他们了解自己与目标的距离。通过这样清晰的定位支架，学习者不断进步，不断重新定位，最后实现目标。

⑧信息支架：现在是一个信息爆炸的时代，教师可以设置信息支架，提供一些可以获取信息资源的方式，如提供一些网站或参考书籍等，帮助学生可以在较短时间内完成收集信息的环节，并对信息的筛选方式进行一定的指导，帮助学生培养信息的分类和分析能力。

⑨评价支架：评价可能是出自教师对学生，也可能出自学生对学生甚至学生对本人的自我评价。能成为支架的评价都是形成性评价，可能表现为情感上的鼓励、赞许、认同或异议，这都有助于激发学生的学习积极性和学习兴趣或学习斗志；也可能表现为指出认知上的不足之处或错误之处，提出有益的建议，这又有助于学生及时纠正自己的偏差，减少失败的概率，提高学习的效率。

此外，还有对话支架、向导支架、图表支架、时间支架、产品支架等多种形式，在此不一一赘述。

2. 特殊性支架

①文化支架：学习语言就是学习文化，因此文化支架在语言学习的课程中尤为重要。只有让学习者对所学语言的文化有一个深入的理解和认识，对不同文化的差异和由此导致的语言差异有一定的分析和理解能力，这样的语言教学才是成功和长远的。适时的文化支架可以帮助学生更好地理解语言的含义，也可以帮助学生更好地在实践中使用该语言，避免由于文化的不同而出现语言的误用。文化支架可以培养学生的反省能力和思考能力，使学生具备更强的语言运用能力和文化包容度，提高学生的整体素质。

②情境支架：支架式教学本身就是一种情境教学，强调在情境中设立支架。英语课由于其对语言实践的要求，情境支架的使用更为重要，学生在一种相对逼真的情境下积极主动地参与语言学习活动，可以更好地理解和运用语言，使教学效果达到最大化。

③语法支架：在英语学习中，语法就相当于语言的一个框架，一个架子搭好了，往里面填东西就容易了。学生在英语学习中，在句子结构方面会有所欠缺，因此无法把自己的意思比较准确地表达出来。教师可以及时给予一些公式性的语法支架，把一些句型的搭建形式呈现给学生，使学生可以更快地完成句子的组合，同时避免由于两种语言的差异而可能导致的中式英语句子的出现。

④文体支架：不同的文体有不同的特点，学生在语言的学习中会发现对于有些文体的把握有困难，这时，教师可以对文体的特点和一些常见的用语进行总结和梳理，这一工作也可以由教师提出，请学生自己协作探究分析得出结论。通过对文体特点的总结和差异的分析，学生在文体支架的帮助下就可以更好地理解和运用不同的文体，在不同场合使用得体的语言。

以上是作者根据支架式教学在英语课堂上应用的支架及平时研究总结出的适合英语课堂使用的支架形式。其中的一般性支架和特殊性支架都可以应用于英语课堂，特殊性支架仅仅只是在性质上更具英语教学特色，但并不是说不能使用于其他学科。支架形式其实可以多种多样，这里的总结还无法涵盖全部。只要是能够协助学生跨越最近发展区达到潜在发展区的支架就都可以称为好的支架。

（三）基于建构主义视角的多媒体在英语情境教学中的应用

现代教育技术的发展可以为英语的教学工作提供更加先进、便利的学习平台，比如，多媒体技术。在英语教学的发展过程中，多媒体技术应用于英语教学中是一种必然的发展趋势。多媒体技术的特点是图文并茂，以及声音、影像手段的充分融合，学生不仅能够体会到文字与图画带来的学习体验，而且能够通过视频与动画理解一些抽象的、复杂的问题。这种身临其境的学习体验可以充分调动学生的学习兴趣，发挥学生的主体性，进而提高学生学习的效率。由于多媒体辅助手段在英语教学中的显著优势，人们也越来越关注多媒体辅助英语情境教学。

1. 基于多媒体技术的英语情境教学的内涵

英语单词 multimedia（多媒体），源于 multiple（复合、多样）和 media（媒体）。多媒体的本质是一种媒体应用系统，这种系统是多种媒体的有机组合。一般情况下，人们所说的多媒体教学是在进行教学的过程中，实现投影、录像等媒体方式与计算机的结合，从而使得整个教学过程中都贯穿着多种媒体的应用。随着技术水平的不断提高，计算机的使用进一步深化，人们可以更加便利的处理图像、声音、文本等多种信息，并且将其形成一个相互联系的系统，在这种具有综合性的操作环境中，人们感受到身临其境的情境氛围。

情境教学是将学生置于真实的语境之中，让其感受真实的情境状况，深入所学语言的原本环境进行学习。情境法的另一种称呼是视听法，指将学生置身于有声有图的情境，形成一种身临其境之感，从而加深其对于所学知识的理解与感悟。多媒体教学的特点与情境教学的要求是一致的。多媒体教学是一种人机交互性的教学方式。多媒体辅助英语教学，可以实现在教学过程中影像、图画、声音的融合，并且这种融合还可以根据教学的需要进行有机组合和有针对性的调整。这种教学方式使学生在最佳的学习环境中开发智力，并进一步实现学生创新精神与创新能力的激发与促进

多媒体教学技术可以实现对现实生活场景的生动模拟，学生在学习的过程中可以更加贴近现实世界，在模拟的环境中得到更具有真实性的学习体验。多媒体辅助英语教学可以激发学生的学习热情与主动意识，进一步提高学习效率，改善学习效果。

2. 建构主义理论的理论基础

建构主义起源于瑞士心理学家皮亚杰的研究。他通过对认知规律进行研究得出，认知过程与周围环境相互作用，不仅对于外部世界的认识得以建构，而且自身的认知结构也得到发展。建构主义的相关理论随着教育学、心理学研究的深入，不断在教育实践中得到应用，尤其在多媒体情境教学中的应用极为广泛。

建构主义的理论与传统的学习理论有着显著的区别，传统学习理论更强调对知识的传授，这也极易使学生成为被知识灌输的对象，而建构主义的学习理论更强调师生之间的有效合作与密切对话。1990 年以来多媒体技术与网络通信技术不断发展，对建构主义的研究也不断有新的进展，建构主义在教育界的影响也越来越广泛。在当前英语教育改革背景下，建构主义成为变革传统英语教学手段和模式的重要理论指导。

不同于传统的教学理念中教师在教学中占居主导地位，建构主义学习理论是以学生为中心。对于知识的获取，学生不能完全依赖于教师的传授行为，而是在一定的社会文化背景和特定的情境下，利用学习手段与资料，通过建构的方式来获取。这个过程中教师只是起到辅助作用。基于建构主义的教学理论，学习者的自主学习知识的能力和获取知识的主动性更加得到重视。教师对于知识的传授是

以一种引导、辅助、协作的姿态，而不是主导、指示的姿态。教师的耐心与细心组织是学习者发挥学习自主性的必要前提。在建构主义的理论中，学习者是知识学习的主体，他们对于自己知识体系的建构效果，在一定意义上决定着整个教学活动的效果。因此，教师的工作任务与重点目标在于如何促进学生的这种知识的建构活动，而不是直接传授甚至灌输给学生一些特定的知识。

3. 基于建构理论有效实施多媒体英语情境教学的建议

①提高教师使用多媒体技术的能力与水平。克瑞格·贝瑞特（Craig Barrett）就曾说："如果教师不了解如何更加有效地运用技术，所有与教育有关的技术都将没有任何实际意义。"[①] 对英语教师来说，其工作不仅要提高自己向学生传授英语相关知识的水平，同时还应该充分结合多媒体辅助教学手段：首先，充分学习多媒体教学设备的使用方法；其次，在教学中充分地、灵活地应用这些现代化设备，展现教学任务与内容，以改善教学效果。

要想将多媒体技术的应用潜能充分挖掘，使其能达到更好地使用效果，关键在于该技术以教学需要为导向与学生实际充分结合，并发挥多媒体的硬件功能。需要多开展对教师多媒体技术方面的培训，教师在学习和掌握多媒体使用方式之后，根据学生学习的实际状况，制作有针对性的多媒体课件，并且在过程中与其他教师多开展内容与技术上的交流，在减少时间成本、提高使用效率的同时，充分发挥多媒体辅助教学手段的潜能。

②强化学生在教学中的主体性地位，构建学生知识接受与反馈机制。无论是对学习，还是整个教学活动来说，学生是主体角色，是整个活动的核心所在。增强学生的主体意识，鼓励其积极参与学习与教学活动，教师辅助学生构建一种高层次的认知结构。

多媒体自身带有的鲜明特征便是图文并茂、直观性强，应用多媒体于教学活动当中更能调动学生参与学习的欲望与热情，让学生的学习不再枯燥、乏味。教师还应当利用多媒体技术，增添有助于学生反馈问题的内容，采用一些影像提问的方式，引导学生表达对学习的思考，并且让学生借助多媒体表达自己对这门课所学知识的看法与建议。学生的反馈对于教学活动有序、有效地开展有至关重要的意义。教师在进行教学活动时，不仅要积极引导学生主动接受、获取知识，同时要时刻关注学生的反馈情况，并根据学生的反馈情况，调整教学内容与教学计划的设置。针对不同学生的不同反馈情况，做到有针对性教学，因材施教。

③创设多媒体教学情境，提高学习效率，提升学习效果。学习环境的构建存

① 陈中．信息化环境下的大学课堂生态研究[M]．长春：吉林大学出版社，2020.

在四个要素，分别为协作、会话、意义与情境。运用新的教学模式开展情境教学，是以调动学生学习的积极性，培养学生探索求知的兴趣为首要目的。在这个过程中可以提高学生的认知、想象、感受与创造能力。人们在观察与感知所处的环境，甚至对待整个世界时，往往对那些新出现的事物与信息更为关注，而这一点也被心理学家广泛认同。学生对于学习对象的兴趣及追求知识、探求真理的热情往往是成功教育的一个必备因素。简单来说在学习活动中，兴趣是学生学习与研究的动力所在。多媒体以一种全新的手段、方式给予学生新的知识内容，可以充分激发学生的兴趣。因此，在英语教学活动开展过程之中，创新与变化是多媒体情境构建的重要因素和属性。这就要求运用多媒体手段要在联系学生实际情况的前提下，给学生呈现出新的场景，以一种富有新意的媒体运用方式给学生提供全新的内容。让学生在发现中求知，在惊喜中探索，从而达到提升学习效率的目的。

二、交际教学法

我国大学英语的教学方法在现阶段相对较为保守、固化，往往采用“语法翻译”的教学方法。教师一种主导学生学习的姿态，进行所谓“按部就班”的教学。这种方式对词汇的讲解、语法的传授尤其重视，总的来说这是一种强调知识传授的灌输式教学法。学生在这种学习方法之下，同时面对着英语等级考试之类的应试考核方法。但是这种方法恰恰忽略了，英语终归是一门语言学科。语言就是要交际，交际是英语学习的根本目的也是根本途径。我国学生的英语交际能力还相对有所欠缺，为了提高学生英语交际能力，大学英语教师越来越重视将交际教学法应用到英语教学过程中。交际教学法在英语教学改革中占据重要地位，促进应用交际教学法对于强化学生的主体地位有重要作用。教师在课堂上采取交际教学法可以让学生在交际实践中，感受英语知识，提升自己英语的实际应用能力。

（一）交际教学法概述

1．概念

交际教学法也叫作“意念法”或者“功能法”，是在20世纪70年代，由美国社会语言学家海姆斯提出的。交际法以语言功能项目为纲，以培养学生交际能力为基础理论。

交际法的核心思想是培养与加强学生运用所学语言进行言语交际是语言教学的首要目的，语言教学的内容除了涉及语言结构的构建，还有各种一系列表达意念和功能的常用语句。在交际教学法的理论体系中，人具有语言能力和交际能力两种能力。所谓语言能力是指能够表达语音和语调，以及具备遣词造句的能力。交际能力是指在交际活动中，能够充分考虑到交际的目的，当前交际的语境，以及交际双方的身份，从而表达出恰当的话语的能力。交际能力相较于语言能力来说，是更高层次的能力类型，因此，有时有的人在掌握一门语言的过程中，发觉自己已经具备了语言能力，但是还是无法交际。

2. 优点

相对于“语法翻译”这种传统教学法，交际教学法有着其难以比拟的优势。传统的教学法的最大特点是教师尤其注重向学生讲授词汇与语法的知识，认为不加大力度注重这些基础性的知识就无法构建英语结构体系，所以教师主导着课堂的教学活动，学生一直处于被动接受知识的状态，这种灌输式的教学难以激起学生学习英语的兴趣，没有兴趣，自然效果也不理想。学生学了十几年的英语，却无法进行正常的英语表达，“张不开嘴”的尴尬无疑违背了英语教学的目的。交际教学法则是以运用英语交际为主要途径，真正把英语当作一门交际的语言来看待。还原学生在学习中的主体性，使学生在教师创设的情境中积极实践，在与教师、与学生，乃至与外国人的实际交际实践中，从实质上提升英语水平。

英语交际教学法，关注的不仅是“学”本身，更多考量的是“用”。这种教学法所带来的不仅是知识量的增加，更带来综合素质与实际技能的提高与深化。交际教学法以学生进行言语交际为教学原则，学生在“知”中“行”，在“行”中“知”。以学生真正掌握英语这门语言为最终目标。这种教学方式强调教师是学生的“服务者”，破除传统教学法中单一的教学行为与方式，将学生从“配角”的角色属性中解放出来，学生的主动并不意味着教师的被动，一方“说”，另一方“听”，是交际教学法所不提倡的交际结构，从交际的名字当中，就暗含了“双方”的意味，因为一个人是无法进行交际的，必须是双方或者多方参与才能展开。在交际双方共同构建的交际结构中，语言不是唯一的手段和方式，整个过程中融合了动作、表情等多种辅助手段。正因如此，交际教学法是一种运用多种教学手段的现代语言教学模式，因其具有传统教学法无法比拟的优势，所以一诞生便受到了极大的关注。

3. 不足

在实际教学活动中，交际教学法也并不是尽善尽美的，除了有一些显著的优势，也存在着一些短板与不足。对语法和词汇教学内容的忽视是交际教学法比较明显的短板。英语与汉语毕竟属于两种不同的语言系统，在语法层面有许多不同的地方，任何交际都是建立在语法框架之上的，学习英语并非像学习母语一样，有天然的语言环境，即便再怎么提升交际水平，也必须理解一些语法上的概念，以及英语语法和汉语语法的差异，这样才能更好地准确运用。语法和词汇是英语语言逻辑的基础，任何交际如果不遵循语言在语法方面的逻辑规则，便会词不达意，使人难以琢磨言语表达的真实意图。语言和词汇本身就是知识，而学习英语是为了交际，交际的目的还是掌握知识。。

真实语言环境的缺失。交际教学法最重要的因素是“交际”，就是要在英语的语言环境中进行交际，而最终交际能力的形成需要日复一日的练习与实践，但是我国的官方语言是汉语，对于英语而言毕竟是一种“非母语”环境，这种不自然、不纯粹的语言环境，会限制交际能力的锻炼。有限的英语教学环境所营造的情境总的来说还是非常有限的。这也使得交际教学法的总体教学效果受到一定程度的影响。英语教学评价体系也不够成熟，不够完善。评价体系是检验学习成果的重要手段，而无论是哪种类型的评价体系都离不开考试这一外在形式。交际教学法注重学生对英语的实际运用，这种实际运用语言的能力无法很好地在考试制度中得到很好的检验。与考试制度联系在一起的升学、评优等制度，又使得教师与学生把考试要求的内容作为自己学习的重点，进而又与交际教学法的初衷相背离。尽管现阶段不断在进行相关大学英语考试的改革，但是改革的内容距离符合交际教学的要求还有比较大的距离。

4. 进一步优化

（1）教师要积极转变角色，变主体为引导

我国的英语教师在进行英语教学时，通常一个人从课堂开始一直讲到课堂结束，在这个过程中，学生表达的机会较少，教师实质上是英语课堂的主体，是教学活动的核心角色。在实施交际教学法时，要转变这种角色设定，改变教师的主体地位，使其变为引导角色。教师从原来的主导者变为组织者、提示者、评估者。在课堂上也要用与学生进行交际或者引导学生之间进行交际的方式，改变原来“一言堂”的教学模式。在学生进行交际时，教师要引导交际的走向，控制交际的尺度，促进教学的进度，对大胆发言的同学给予肯定，同时鼓励内向胆怯的学生积极加入交际活动当中。

（2）教师要注重功能性知识与结构性知识

交际教学法注重对语言的运用、实践，这在一定程度上弥补了结构教学法的缺陷与不足，但往往以淡化语言结构性知识的教学为代价。语言意义与语言的形式这两部分都不可偏废。语言的意义如果是教学的最终目的，那么语言的形式便是达到这个目的的重要手段，哪一个方面的缺少都不利于英语语言的学习。为此教师既要注重语言的功能性知识，又要注重语言的结构性知识。

（3）教师要精心设计交际活动

交际教学法需要双方甚至是多方的参与。交际活动是交际教学法的核心所在，因此，交际活动的情况关系到教学法的教学效果。教师在进行交际活动设计的时候，需要充分考虑学生的实际情况，如不同学生所具有的不同英语基础、学生之间存在的个性差异。进行课堂场景的设计时，要给学生提供多元化的情境，如带有生活元素构建的实际生活情境、给予学生想象空间的想象情境等，跳出单纯的词句练习的框架，在实际、有趣的情境中进行学习。交际范围要尽可能广泛，不要局限于两个人；交际的内容也不要局限于日常的话题，可以增加语料的类型和种类，如趣事轶闻、歌曲、影视等。不仅要在课堂上开展情境教学，还要有效利用课外时间，从而“内外两开花”，呈现出最佳的教学效果。

（4）教师要重视文化教学，培养跨文化交际能力

社会文化是语言存在的土壤，语言不能离开“土壤”而独立存在。在生活中进行实际语言交际时，若缺少对语言所属文化的理解，而只有单纯的语言能力，仍然无法进行正常的、顺利的交际活动。教师在对学生进行语言教学的过程中，要有意识地讲解英语语言的文化背景，使学生在学习这门“工具”语言时，体会其中的文化韵味，从而了解跨文化交际的价值与意义所在。掌握一定的所运用语言的文化知识才不至于陷入自己母语的思维模式，因为“不懂”而出现尴尬。

（5）学生要积极转变课堂角色，由被动变主动

学生在传统的英语教学模式中是知识的接收者，但是这种接收是一种机械的、被动的接收。除了转变教师的角色设定之外，还要转变学生在教学活动中的角色，凸显学生的主体地位，变被动接受知识为主动寻求进步。要增加学生在课堂上表达与交流的机会，教师要满足学生在教学过程中所提出的合理的要求。学生也对教学内容与信息进行主动反馈，反馈课程的环节设置是否合理、活动的组织是否得当，从而更有利于教师对现有的教学进行优化，提升教学效果。

（二）交际教学法对大学英语教学的意义

1. 增强学生学习兴趣

在教学活动中学生接受知识的“灌输”，没有主动寻求知识的动力与机会，学生自然会陷入一种枯燥、乏味的情绪当中，而且教师对英语教学课堂进行“权力干预”，也会挫伤学生学习英语的积极性；再加上外在的课业压力，会极大地增加学生的心理与精神负担。在教学过程中应用交际教学法，可以最大限度地让

学生参与教学活动，并且沉浸在轻松、愉快的学习氛围之中，增强了学生学习知识的兴趣，加深学生对于英语学习的体验感、参与度，从而进一步培养学生对于英语学习的热情与信心。

2. 加强学生对语言的理解和运用

大学英语教学按照传统的“语法—翻译”模式展开。学生在脱离实际交际背景的情况下，对知识进行机械的、强制性的记忆，虽然短时间内可以获得比较显著的效果，形成一种看似“效果极佳”的学习状态，但是这种学习在过程中消耗了学生大量的时间与精力，并且难度较大；通过机械记忆进行的学习无法使得学生体会到所学内容的深刻内涵与意义。交际教学法使学生在交际活动中感受知识，体会所学内容在实际生活中的用法，可以强化学生对于知识之间联系的深刻理解，从而加深记忆，延长记忆时间。此外，机械记忆会使得学生的学习缺乏灵活性，陷入一种死板的、教条式的循环，甚至只会应用到所熟悉的情境当中，而缺乏变通的能力。交际教学法可以使得学生熟练掌握各种语境，将英语知识充分内化达到灵活自如的运用状态。

3. 提高学生英语交际能力

“聋哑”英语是传统大学英语教学模式下出现的不良英语现象。提升学生有效的语言交际能力，将语言功能与语言结构进行有机结合，这是交际教学法的任务与目的。教师在开展英语教学时引导学生积极实践、构建英语交际环境，可以有效提升学生的英语交际水平。

（三）交际教学法在大学英语教学中的应用建议

1. 课堂教学要采用英语语言组织

英语教师要改变传统教学方法中用汉语讲解英语的现象，要在课堂上增加英语的运用，首先从教师的角度为学生构建起良好的语言氛围。这样使得学生在听课的时候，潜移默化地培养了英语的思维方式。在引导学生回答问题时也要鼓励学生大胆用英语进行回答，并对有些英语表达不流利的学生给予鼓励，对其在表达中出现的错误进行有效地纠正。但是在纠正学生的错误时要讲究方式方法，不要在学生正在表达时突然打断，这样会挫伤学生的表达积极性。对于共性的问题，可以在学生发言之后，在不经意间对这个问题进行讲解；对于特定学生的特定问题，可以在课下单独纠正，纠正时也可以采用英语的方式，耐心地与学生交际，帮助其提升英语交际水平。

2. 介绍—练习—运用的教学模式运用

在进行英语教学时，教师可以选取先介绍，再练习，最后运用的教学模式。在介绍教学内容的阶段，通过合适的教学工具创设有趣的英语情境，介绍一些英语语法层面、语言特点层面上的内容与现象。在练习阶段，教师可以让学生进行一定的机械性练习以强化记忆，同时要对所学内容进行重复练习，并在此基础上帮助学生提升英语能力与水平。在运用阶段，教师要加强学生对口语的运用及其运用所学知识进行写作的能力。经过了之前两个阶段，学生在这个阶段需要锻炼的是灵活运用的能力，包括口语的熟练表达的流利性及写作能力的提升。

3. 经常开展英语交际课堂练习

教师在课堂教学中要经常组织、开展多样化的课堂交际练习活动，让学生一直在这种活动中获得练习的机会，从而熟练地进行英语表达。设置课堂练习活动要符合大学英语教材的要求，而且要以实际英语运用的需要和要求为根据。教师可以对英文话剧、短剧进行改变，组织学生进行角色扮演，学生通过在表演中用英语进行表达，从而提升英语交际的能力。

4. 善于利用多媒体教学技术

开展英语课堂教学时教师要灵活运用多媒体。在多媒体手段的加持之下展开有针对性的英语教学，从而增强英语交际的效果。比如，为学生创设一个天气方面的情境，可以用多媒体技术播放影视作品中英国人谈论天气的视频片段，让学生感受地道的、原汁原味的英语表达习惯与方式。同时将学生进行分组，可以让学生自己制作课件，运用多媒体进行展示，然后在这个环境下小组内部进行英语表达，或者不同小组之间进行英语交际。多媒体技术可以带来视觉、听觉上的感官刺激，可以促进学生逻辑思维和形象思维的形成，有利于英语语言的学习和运用。

5. 加强词汇教学和阅读教学

词汇是英语的重要组成部分，而在英语阅读之中有大量的英语素材涉及英语文化与语法的相关知识。英语教师要在英语教学中加强英语阅读与英语词汇的教学，加强英语教学的基础，全面提高学生英语交际能力与水平。教师在进行英语课程的讲解时，可以采用解释词汇的意义、运用词汇进行造句、进行词汇听写等方式加强词汇的教学工作。进行英语的课堂教学，教师要让学生首先对词汇进行理解与熟练记忆，随后让学生在语境中使用英语词汇，从而逐步提升英语词汇量。针对英语阅读材料，教师可以借助多媒体的手段，让学生阅读考试阅读文章或者阅读影视作品中的台词，让学生在英语阅读中提升英语理解水平，同时积累英语词汇量。

三、任务教学法

（一）任务型教学的内涵及其理论基础

现代教学理论重新确立了学生在教学活动中的主体地位，教师从主体地位转变为了引导地位；建立了英语语法教学与实际运用之间的联系，破除了传统语言教学模式下的语言形式与语言意义相分离的现象。相较于传统模式下更关注“教”“语言研究”，现代教学理论更加注重“学”“语言使用”。

“任务”一词在任务型教学中的含义是在教学活动中，要求学生所做的、以形成语言意义为目的的活动。这些活动涉及学生的生活、学习经历与社会实践。学生在完成任务的过程中，学习状态一直是比较积极和主动的，而且与其他参与者也开展一系列互动交流。“意义”是学习者完成任务的核心，学生为了实现交际目的，对自己现有资源进行调动（包括语言和非语言）。任务型语言教学模式是对交际教学模式的继承与发展。学生采用一种探索的方式去发现知识，而不是传统模式下，在教师的“灌输”下学习知识。布鲁纳（Bruner）的“认知—发现学习论”。这种认知—发现学习有一系列的优点：

①有利于激发学生智慧潜力；

②有利于激发学生的内在学习动机；

③有助于学生掌握试探的方法；

④有利于所学知识的记忆与保存。

因此，在完成任务的过程中，学生可以更加自然地对所学语言进行更有意义的使用。整个任务型教学活动也给学生提供了一种支持环境，帮助学生学习和内化语言。

（二）任务型教学的设计要求

任务由五个方面组成：任务目标、构成任务的输入材料、基于输入材料的各项活动、任务所隐含的教师和学生的作用、任务执行的环境问题。

实际上，任务应该是课堂教学的每一个环节与活动的核心元素，在进行教学的过程中，应当以任务为中心建立课堂和真实世界之间的联系。任务型英语课堂教学，对学生完成任务时的要求是以工作和学习中的任务为载体，采用英语的方式（如听、说、读、写）去完成一系列的任务。并且在这个过程中，学习、运用自己的英语技能，提升自己的英语水平。完成任务的过程中，不仅强调学习本身，还强调这些学习的活动与任务要具备现实性特征。学生在进行表达时要以任务为导向，教师在引导学生表达与完成任务时也不能妄图立竿见影，要采取循序渐进的方式。

（三）任务教学法的任务分类

1. 列举型任务

这类任务要求学生根据要求说出与题目有关的事项并列成清单。列举型任务有利于培养学生收集信息的能力和理解、归纳能力，也有利于教师增强对自己学生的了解。在学习新课时设计一个列举型任务还可以帮助学生更好地复习以前所学的有关内容，扩大词汇量。例如，讲东西方文化差异，教师可以让学生自由列举出东西方文化差异的例子：颜色、饮食、日常用语、价值观的差异等。

2. 排序和分类型任务

这类任务也称作整理型任务，它比列举型任务更有挑战性，不再是简单的列举，而是通过让学生对一系列输入材料进行分析归纳之后再将其分类或按一定顺序排列。它有助于培养学生处理信息的能力、逻辑思维能力和分析能力。比如，介绍关于好莱坞著名影星奥黛丽·赫本（Audrey Hepburn）的生平。教师可以让学生组成6～8人组成的小组，课前通过网络查询或图书馆查阅等形式了解奥黛丽·赫本的相关信息，如其主演的影片名、对社会公益事业的贡献、对时尚的影响、家庭情况等，并按时间顺序进行排列。上课时分小组用PPT演示的方式列举其中一个方面的信息。这项任务节约了课堂时间，扩充了学生的知识量，同时培养了学生的自学能力。

3. 比较型任务

通过让学生对不同的输入材料进行对比和分析，找出其中的异同，并用适当的语言表述出来。这样学生的观察力、注意力、归纳能力和批判性思维的能力都可以得到培养和发展。比如，探讨美的秘密。教师上课时先让学生谈谈对自己容貌及化妆品广告的看法，然后将答案按男女生分类，引导学生对比男女生对于美的不同看法。本项任务在完成语言知识教学的同时，培养了学生收集和整理信息的能力。

4. 解决问题型任务

这类任务需要通过参与者的合作、沟通与磋商找到一个解决问题的方法。它的答案并不是唯一的，是一种开放型的任务，有助于提高学生解决问题的能力、综合运用知识的能力及创造能力的发展。同时，又能使学生形成强烈的集体荣誉感、培养团队精神。比如，课堂话题是旅行，教师布置了这样一个任务——设计最经济的旅行计划。先让学生自由发言说一说已经去过的地方和最想旅行的地方。然后让学生分组设计最经济的旅行计划，并要求在课后用报告的形式表现出来。这项任务活动围绕学生的日常生活，学生做起来有亲切感，乐于参与。

5. 分享个人经历型任务

这类任务模仿我们日常生活中经常会遇到的互相交流信息、观点和意见的情境。我们可以让学生互相沟通分享各种信息，包括学习、爱好、生活经验等各方面的情况。比如，课堂的话题是体育。配合课文的内容，教师让学生课前查阅和收集关于体育锻炼的材料，课上在小组中讨论最喜欢的体育项目，每天花在体育锻炼上的时间，以及最喜欢的体育明星等。讨论后由小组推选或教师随机选取每个小组中的一人向全班陈述。

6. 创造性任务

探索性、开放性和实践性是创造性任务的三个属性。大学生可以对同一个话题结合所学的专业，进行不同的创造性任务，比如，教师在设置环保话题的时候，对于设计、经管、传媒、机械等专业的学生的任务设置要有所区分（如英文海报、英文调查研究、英文介绍环保产品等），这样可以发挥不同专业学生的特长，更好地完成英语任务教学的目标。

（四）任务型教学法的应用原则与步骤

1. 应用原则

学生是任务教学法的中心、主体，教师在任务教学法中起到指导、引导作用。任务教学法结合了合作式学习的模式。在任务教学法的使用过程当中有一系列基本的运用原则。

（1）真实性原则

真实性原则主要包括两个方面，一个是教材的真实性，另一个是任务设计要与实际生活进行充分结合。教师需要选择合适的教材设计任务型教学，只有这样才能最大限度提高学生的英语语言水平，使得学习更加具有意义性。任务的设计与学生的真实环境的紧密结合是任务型教学真实性原则的又一要求。因为只有这样，才使得学生更能从生活的角度真实地了解所学的英语语言知识。

（2）形式功能原则

形式功能原则要求厘清语言功能和语言形式之间的关系。以培养学生语言运用能力为目的，在充分考虑语言功能和形式的前提下进行任务设计。学生在课堂上学习到了语言的形式，通过任务的完成，在语言的形式上完成语言功能的转换。只有当学生将学习到的语言形式运用到实际的语言环境中，最后达到语言的交际目的，这才是任务型教学法的最终目的。

（3）互动性原则

互动性原则是指学生在完成任务时需要进行合作式学习。在任务型教学法中设计任务时，需要考虑学生的互动性。语言的学习主要是要在实际交际中使用语言进行交流，语言是一种互动的形式，所以在任务设计时一定注意互动性原则。不管是教师与学生之间的互动，学生与学生之间的互动，学生与教材之间的互动等，学生只有在这种互动性的合作式学习中，才能更好地提高语言学习效果。

（4）支架式原则

支架式原则是指教师在任务型教学法中发挥支架的作用，帮扶学生以达到学习效果。任务型教学法是以学生为中心，学生主动参与任务的形式进行教学的。教师在任务型教学法中主要扮演“帮扶”的角色，在任务进行中对学生提出的困难给予一定的帮助，同时在任务完成后对学生在任务中出现的错误及时纠正，帮助学生及时改正错误，这样才能使任务型教学法得到有效运用。

2. 应用步骤

（1）任务前阶段

本阶段主要是进行主题介绍。教师根据教材和与主题相关的任务来选择任务的类型，任务的设计应该符合任务型教学法的原则。同时在这个阶段，教师提供必要的背景知识（如相关的词汇、短语和语法，这些在完成任务时是有用的）。教师介绍主题和要执行的任务，这些任务具有很强的实践性，都与学生日常生活密切相关，能激发学生的参与度和兴趣。因为这些任务都贴近学生的生活、学习经历和社会交际，真正体现“做中学”。教师可以通过展示图片或者播放其他人做同样或相似的工作的视频，让学生熟悉任务框架并指导学生。这个阶段学生应该做的是记下有用的单词和短语，然后给学生几分钟的时间准备任务。

（2）任务环阶段

本阶段包括三个过程：执行任务、报告准备和任务汇报。

执行任务：在任务型教学法的课堂教学过程中，教师将学生随机分成小组或团队，以团队形式去执行教师给出的与主题相关的既定任务，然后教师让学生以小组为单位讨论对话主题以完成任务。一个组的所有成员应该都有机会发言，绝大多数学生在团队环境下不会产生过度焦虑，这更要求学生不仅要注意沟通的意义还要注意沟通流利。同时，教师充当班长鼓励学生，从而帮助学生完成沟通任务，鼓励学生顺利表达自己。

报告准备：在这个阶段，教师应该给学生团队一些时间去组织完成任务，并制定报告。学生团队则利用时间充分进行语言交流以完成任务，并制定任务报告，告诉全班同学他们是如何做的任务及他们发现或得出的结论。这个阶段要求每个团队中的所有成员都要充分表达自己的观点，并准备好向全班报告。在此过程中，教师则扮演语言顾问的角色，可以给予一定的帮助和指导，确保学生团队能顺利地完成任务。

任务汇报：本阶段的主要活动包括团队推荐成员来代表团队面对全班进行口头陈述团队讨论的内容，并回答其他小组成员提出的问题。这个环节可以让学生有更多的机会在众多观众面前练习口语表达，也能激发学生口语交流的学习兴趣。每组报告完成后，教师应该要点评每个小组在做报告的过程中存在的好的方面或出现的问题，然后给每个小组一些有用的提示，以便后面小组减少同样的错误，让报告部分可以顺利进行。

（3）语言聚焦

在这个阶段，教师让学生充分表达后，应该给学生分析错误，让学生注意重点词汇、短语、句型等，教师回顾每一个课堂分析活动，强调学生在课堂上使用的语言，他们的任务是确定语言形式和用法的特征。同时教师应该引导学生注意语言形式。在口语表达的过程结束后，教师应该分析和评价每组的口语表达。教师应该强调学生在口头表达过程中的错误或过失，并要求学生在之后的学习过程中注意所提到的这些问题。最后，教师可以总结出更好的英语口语内容，然后领导学生练习英语口语，锻炼语言中的困难点，学习英语口语的技能，以及提高学生使用标准的英语作为他们英语口语表达方式的意识。

（五）任务教学法在大学英语写作教学中的应用

1. 任务准备阶段

在写作教学过程中，任务准备占据着至关重要的地位，可以为接下来的教学奠定良好的基础。因此，教师必须重视写作任务的准备，这样才能从根本上保证写作教学的顺利开展。在教学时，教师可以从大学英语四级考试内容出发，例如，“What do you want to do after your graduation？”该写作任务要求学生在毕业后进行选择，可以有两方面，一个是毕业后考研，另一个则是去公司上班，并引导学生给出其选择的原因。

（1）进行分组

教师需要为学生认真介绍学习任务，并结合学生的实际情况，将其分为几个不同的小组，各小组需要共同完成学习任务。教师需要了解学生的真实情况，遵从“组间相同、组内存异”的原则，将学生分为5～6人组成的小组，并由学生选举出组长。组长需要将教师布置的任务进行合理分割，分配成几个不同的小任务；小组内的成员需要收集各种数据信息，分析并整合这些信息，将其制作成PPT，撰写学习记录，并由组长进行学习情况的汇报。小组内的成员需要根据自己的优势选择学习任务，借助团队的力量完成学习任务。在这样的学习模式下，各小组成员能够实现个人能力和素养的稳步提高，从而能够准确把握写作主题。

（2）理解任务

在完成小组的划分后，要想实现协作效率的提高，那么就需要学生能够从更多的角度和方面去理解主题。第一，学生需要理解写作内容，挑选出自己想要的选项；第二，学生需要根据自己的选择做出最具有说服力的解释；第三，教师需要引导学生去思考哪个选择是最应追求的选择；第四，引导学生去了解当前的就业形势和社会现实；第五，鼓励学生去收集和整理证明自己观点的证据，证明自己的想法和观点。教师需要给学生提出一系列的建议，这样才能让学生更好地完成写作任务。

（3）设计任务

各组组长需要根据小组成员的实际情况，为其安排合适的学习任务。要想保证分工的明确性，组长就需要带领组员设计时间表，进行更加明确的任务划分，采用恰当的程序完成任务。结合时间表，学生能够更好地了解学习任务，教师能更好地评估学生的学习情况。

（4）进一步做研究

在完成时间表的计划后，学生还需要进行适当的研究，保证学习任务的顺利开展。在此过程中，学生需要注意两个方面的内容，一个是主题，另一个是写作能力。首先，学生需要总结和归纳写作知识，如英语短语、词汇、句型等，掌握正确的英语语法，保证写作时的连贯性，灵活运用教师提供的写作材料；其次，学生需要运用参考资料、网络等，同时还需要积极地与他人进行沟通和交流，深入分析和研究人物主体；最后，借助小组合作的方式，可以实现学生探究能力、写作能力的同步提高。

（5）布置日记任务

在应用任务教学法时，教师需要为学生布置好日记任务，学生每周都需要写日记。在日记中，学生需要运用英语将自己遇到的问题、任务的周期、解决方法、写作能力的辩护、取得的进步、学习态度等内容记录下来，这样的方式不仅可以让学生了解自己的成长情况，还能让教师更好地把握学生的学习情况，并在此基础上进行教学计划的调整和优化。

2. 任务的实施

在完成学习任务的准备后，教师就需要进行学习任务的布置，帮助学生顺利完成学习任务。各小组成员需要进行明确的职责划分，学生需要根据顺序执行任务。学生需要在教师的引导下，借助小组合作的力量完成写作任务。

（1）设计结构

教师在教学时，可以让学生运用思维导图的方式提出相应的写作要求，学生需要进行结构的设计。在写作教学中，结构图占据着至关重要的地位，学生需要结合自己的设计表述完成语言的组织，而这可以让学生的文章内容更加完善和丰富。这一环节存在的目的是锻炼学生的逻辑思维能力与创新能力，促使学生能构建出清晰明了的写作轮廓。

（2）借助协作进行写作

在完成文章结构的构思和设计后，学生需要进行调整和优化。教师应鼓励学生进行自我检查，还可以与他人进行沟通和交流，改正其中一些较为明显的错误，最后创作出初稿。

（3）认真检查

在完成初稿的写作后，教师需要引导学生在小组中继续进行评审。在此过程中，各小组成员需要相互阅读文章，并进行详细的检查，找到其中存在的问题和错误。教师要引导学生将注意力放在语法、词汇、逻辑等方面，不断增强学生的合作意识，锻炼学生的探究能力，让学生的文章更加合理与完善。

（4）修改作文

在完成检查后，学生需要及时修改自己的文章，不断优化和完善自己的文章。

3. 任务评估

在学生完成文章的写作与优化后，就需要教师鼓励学生展示自己的任务，并进行适当的评价。

（1）共享作文

在完成任务后，各小组需要分享各自的经验，进行适当的总结与归纳。在此过程中，教师也能了解学生的学习情况，为接下来的评估奠定良好基础。学生既可以采用演讲的方式，也可以采用撰写报告、编写 PPT 的方式，并将自己的写作心得分享给其他学生。

（2）任务评估

在任务教学法中，任务评估占据着至关重要的地位，其将会影响到学生学习的积极性。教师需要采用多元化的评价方式，如学生相互评价、学生自我评价以及教师评价等。学生在完成演讲后，教师不仅需要认真查看并评价学生的作文，还需要评估学生的学习过程，了解学生存在的问题，并指明学习方向。学生之间的相互评价可以使其发现他人的优势，也能发现自己的缺点。

（3）完成作文

在经过评价和改正后，学生要尝试接纳他人的想法和意见，使自己的文章结构更加合理，内容更加充实。

第二节 英语教学的模式与应用创新

一、情感教学模式

（一）情感教学模式的概念

情感指的是个体对客观事物是否符合自己的需要而产生的一种内心体验以及相应的外部表现。在学习过程中学生的感情、性情、气质、态度等都会对他们的学习行为与效果产生直接影响。情感包括积极情感与消极情感。

情感教学，顾名思义，是一种从情感的角度来分析教学现象、展开教学的教学模式。这种教学模式的提出是对传统大学英语教学模式的改革，主要针对的是传统大学英语教学中重认知、轻情感的不合理的教学现象。

学者鲁子问指出：“情感教学是教师在教学过程中，在充分考虑认知因素的同时，运用一定的教学手段，通过激发、调动和满足学生的情感需要，以完善教学目标，增强教学效果的教学。在人性的理念上，教学过程不但是教育学之间的信息传递和反馈的控制过程，也是教师和学生进行情感交流的过程。学生的学习过程是认知活动和情感活动互相协调、互相作用的过程。”①

① 鲁子问．英语教学论[M].2 版．上海：华东师范大学出版社，2010.

传统的大学英语教学方式大多以学科为重点展开教学，采用单一、统一的教学活动展开教学，师生之间为硬性的上下级关系，缺乏必要的沟通与交流。教师的教学重点为让学生记忆学科知识，很少关注或者根本不关注教学过程中学生的情感与情绪。情感教学就是对传统大学英语教学中存在的上述问题的矫正，便于学生在学习与情感上的双向发展。

（二）情感教学模式的优势

1. 增强学生迁移学习兴趣

学生的学习兴趣在很大程度上影响着学习效果。对自己感兴趣的事物，学生通常具有更强的学习兴趣与认知积极性。据此，如果要想有效提高学生的学习效率，教学中应注意将引起学生的兴趣作为一项有效的方式。情感教学具有一种倾向性的引导作用，也就是通过采用情感教学模式，使学生对某一事物不断产生兴趣迁移，进而有利于提升他们的认知功能。

2. 促进学生内化知识

在学习过程中，学生对知识的吸收程度、消化程度都会影响实际的学习效果。这就要求教师在课堂教学过程中，采取一定的措施来精心引导学生吸收与内化知识。情感教学模式可以对认知内容进行相应的梳理，这有利于简化知识，帮助学生提高认知能力。

3. 调动学生积极性

有研究表明，人的自身情感因素会给人的行为与活动产生很大的影响。情感发生变化，人的行为与活动也可能会发生变化。学生拥有积极的情感，其学习效率就会有相应的提升；如果学生的情感状态比较消极，其学习效率就会有所下降。采用情感教学模式展开教学，可以充分调动学生的学习积极性，在提高学习动力方面具有积极的促进作用。

4. 强化学生情感

情感的强度与性质对个体的认知过程具有决定性的作用。如果情感的强度与性质处于适宜的状态，就可以确保个人的认知状态与行为活动保持良好。情感教学是一种可以对个人情感强度、性质具有引导作用的教学模式，有利于调节学生的个人情感。

5. 有利于教师发出信号

教师是教学中的一个重要构成要素，可对整体教学效果产生很大的影响。教师在教学过程中的一言一行都会直接或间接地影响学生的学习效果。情感教学可以借助教师的行为指令，将具有针对性的教学信号发送给学生，从而进一步提升教学信息的传递效果。

（三）情感教学模式的原则

1．寓教于乐原则

情感教学模式应遵循寓教于乐原则，确保学生带着快乐、积极向上的情绪参与教学活动，教师应注意把握好教学活动中的变量，从而调动学生的学习积极性，使学生乐于接受、乐于学习。需要注意的是该原则并不意味着教师整节课都要处于情绪调节上，而应将情绪调节作为教学活动的切入点，引导学生由低层次的“外在乐”向高层次的“内在乐”的方向转化，最终提高学生学习的效果。

2．以情施教原则

情感教学模式应遵循以情施教原则。在英语教学中，教师在授课的同时应注意引入积极的情感，实现情感与知识的结合，实现以情促知、情知交融的教学效果。教师应注意使自己保持快乐的情绪，只有这样才能使学生受到感染而处于快乐、向上的良好情绪中。教师还应注意情感性地对教学内容进行处理，使之知情并茂、以情促知。

（四）情感教学模式的实施方法

1．提倡合作学习

合作学习是交际法语言教学中的一种常用方法。在合作学习中，班级被分为若干个合作小组，学生以合作小组的形式展开英语学习。合作学习中的关系体现为小组之间互相竞争，组内成员之间互相合作，生生之间、师生之间互相交流，这既有利于提高学生学习能力、提升学生自觉性及对自我的监控能力，又有利于生生之间、师生之间形成良好的人际关系。

将合作学习运用于英语教学中，有利于改善课堂的气氛，提高组内成员的参与度，培养班内小组之间的竞争意识，同时也能克服一些学生的逆反心理。合作学习还可以使学生的认知与情感需要得到满足，这样有利于培养学生良好的学习情感与态度。

合作学习可以调动学生学习的积极性、激发创造性，减轻学生在交际活动中可能出现的焦虑。这是因为每位学生作为小组成员都会有归属感，使小组内的学生受到负面评价的范围有所扩大，这样就降低了学生对负面评价的焦虑感。除此之外，由于学生在合作学习中有足够多的时间、充足的机会与小组成员进行交流，从而使他们在得到反馈后可以及时作出修正，使错误率大大降低，相应地，焦虑感也可以有所减轻。

2. 构建良好的师生关系

师生关系对情感教学而言非常重要。教学过程不仅是教师传授知识，学生接受知识的过程，同时是师生在感情与思想方面的交流过程。只有当教师与学生心理相容、感情真挚时，学生才会更加尊重教师，也更容易接受教师的教学。学生在一种轻松、愉快的氛围中学习时，才能保持积极的情感，对学习产生兴趣、思维清晰、反应敏捷，这必然有利于知识的获取。和谐的师生关系可以让学生即使在学习中遇到困难，也会积极面对，努力寻求解决的方法。

要想构建良好的师生关系，教师可以从以下三个方面入手。

①完善自身个性。教师应具备内在的人格魅力，拥有负责、真诚、宽容、热情、幽默等优秀品质，从而使自己的个性得以完善。

②与学生平等对话。在课堂教学中，教师可以走到学生中间，与学生展开平等对话，拉近与学生的距离。

③多鼓励，少批评。在课堂教学上，教师应尽可能减少对学生的批评或指责。如果要批评，也应采取较委婉的方式，同时要及时表扬学生取得的每一点一滴的进步。

总之，良好的师生关系有利于促进师生之间的情感互动，从而营造有利于学生学习的和谐气氛，激发学生学习的兴趣，调动学生学习的责任感，最终提高教学的效果。

3. 挖掘教材中的情感因素

英语教材中涵盖了十分丰富的情感素材，教师在教学中应注意分析其中的情感因素，使自己置身于情境中，并采取恰当的方式激发学生的情感，使学生产生共鸣。

首先，教师在备课的过程中应提前找出教材中的显性情感因素，并加以整理、总结。在课堂教学过程中，将这些整理好的情感因素展示给学生，从而使学生在情感上得到感染，这不仅有利于学生掌握认知信息，还能使他们受到相应的情感因素的影响。

其次，教师在课堂教学中应注意使用恰当的言语将教学内容中的情感传递出来。教师可以在上课之前进行反复练习，以保证课堂语言生动、有趣，在传授知识的同时传递情感。同时，教师还不能忽视肢体语言的作用，在英语课堂教学中，如果教师肢体语言得当、表情自然，就容易激发学生相应的情绪感受，从而对教学内容有更深入的理解。

4. 合理渗透现实生活中的情感因素

英语是一门与实际生活紧密相关的学科。在英语教学的每个环节中，都体现了浓厚的生活色彩。据此，教师在英语教学中可将现实生活的各情感因素以合理的方式渗透于教学工作中去，从而使学生在贴近实际生活的课堂氛围中学习，并提高学习效率。为了满足这一需求，教师可采取角色教学法来引导学生找到学习与现实生活的联系，在学习中发现生活，在生活中更好地学习。在角色教学法实施的过程中，教师可以根据教材中的具体内容，适当地为学生提供听与说的机会，使学生在练习英语的同时，可真切地感受生活中的情感。

5. 面向全体学生，尊重差异性

在英语教学中，教师应对所有的学生一视同仁、关爱所有的学生。学生在智力活动、学习成绩、行为表现等层面存在一些差异，教师应尊重这些差异，特别是对学习中的后进生，更要给予尊重与信任，在课堂上多加关注他们，多给他们提供发言的机会，多使用褒奖性言语表扬、鼓励他们，善于发现他们的优点，适当创造机会让他们获得成果，这有利于增强学生的自信，让学生逐渐消除自卑，从而促进他们的学习。教师可以通过言语、表情等将鼓励、尊重、信任等情感信息传递给学生，使学生产生积极的情感体验，激发潜在的"情感动力"，提高学生学习的信心，避免挖苦、讽刺，减少批评、指责。那些带有诋毁性的评价，如"Really hopeless!""You're foolish."等，必然会挫伤学生学习的积极性，使他们厌恶学习，甚至会放弃学习。

二、分级教学模式

分级教学模式是指"根据学生的英语水平，将学生分为不同层次，针对各层次的学生确定不同的培养目标，制订不同的教学计划、教学方案和管理制度等，在教学中充分体现因材施教的原则和层次性的特点，目的是让每位学生都能在各自的起点上取得进步"。①

随着英语教学改革的不断推进，分级教学模式成为英语教学模式改革的一种必然趋势。该教学模式充分体现了以学生为主体的教学理念，对学生英语水平以及英语教学有效性的提高起着积极的促进作用。

① 秦静．大学英语分级教学模式刍议[J]. 宜春学院学报，2010，32（2）：159-161.

（一）分级教学模式的概念

分级教学模式就是将学生分为不同的级别进行教学。在分级过程中，教师需要按照不同的标准进行，如学生的英语学习水平和英语学习潜能等进行分级。

分级教学模式在内容方面需要根据不同的教学目标、方案、内容、计划、方法、评估等因素进行设计，从而在教学过程中体现出一定的层次性与倾向性，使不同级别的学生都能在教学中得到一定的提升与进步。

值得提及的是英语分级教学模式应该在因材施教、提高教学效果的基础上进行，教学要根据不同学生的实际情况进行策划，从而确定不同的培养目标，设计带有差异性的教学方案。这种分级性应该体现在教学的全部步骤中，从而切实让不同水平的学生都能有所发展。

（二）分级教学模式的优势

1.有利于合理配备师资

分级教学模式有利于优化师资力量，使每位教师都有机会发挥自己的才华。一些具有丰富教学经验的教师比较擅长讲授基础的概念，可以将这些内容讲得生动、活泼，所以这些教师适合教初级班的学生。有的教师学术知识渊博，具备较强的授课能力，适合教授优化班的学生。

总之，由于分级教学模式在教学目标、教学计划、教学方法等诸多方面都有很大的不同，因而该教学模式有利于学生公平竞争、学习，也可以使学生平等地享受符合自身特点的优质教学资源。

2.有利于发展学生的个性

长期以来，我国英语教学主要采取“一刀切”的教学模式，在这种教学模式下，成绩好的学生学习起来很轻松，有时可能会出现“吃不饱”的现象，而那些基础知识比较薄弱的学生则学习起来比较吃力，经常出现“消化不良”的现象，这样的教学模式不利于激发学生学习英语的积极性。

分级教学模式依据不同的级别来制订教学计划与教学方法，注重因材施教，因此可以很好地消除传统教学模式的弊端。在英语教学中实施分级教学模式，可以结合不同学生的发展程度，有针对性地制订教学计划，根据学生不同的英语水平，开展不同的教学内容与教学进度。该教学模式可以帮助学生将学习英语的外在压力转化为内在的学习动力，还可以提高英语学习的效率，并且能体现出学生自主学习的教学理念。

3. 有利于提高教与学的积极性

分级教学模式提倡因材施教的教育理念，同时隐含着优胜劣汰的竞争机制，这会使学生产生一种危机感。在分级教学模式下，为了避免被淘汰，学生往往会发奋学习，争取进入高一级别的班级，这样有利于激发学生学习英语的积极性，也提高了学生学习英语的信心。

分级教学模式除了有利于提高学生学习的积极性，也有利于激发教师教学的积极性。与“一刀切”的教学模式不同，分级教学模式需要考虑更多的内容，如学生的需求，基础水平等，在此基础上教师会根据学生的层次来制定教学目标与教学计划，从而激发不同层次的学生的学习热情。另外，采用分级教学模式的教师不需要考虑照顾不全的问题，从而将注意力集中于教学内容，而不是如何组织课堂教学，这样教师教学的积极性也会有相应提升。

（三）分级教学模式的原则

1. 因材施教原则

分级教学模式应遵循因材施教原则，即根据学生的差异因材施教地展开教学。每位学生都有自身的特点，这就要求教师在采用分级教学模式时，应充分考虑学生的个性差异，要具体情况具体分析，做到因材施教。

2. 循序渐进原则

分级教学模式还应注意循序渐进地展开教学。学生的认识是一个逐步积累、由量变到质变的过程，只有坚持循序渐进地进行，才能更好地理解与掌握知识与技能。分级教学模式就很好地体现了这一原则，即教师根据学生的知识体系进行教学，并选择适合学生的教学方法。

（四）分级教学模式的实施方法

1. 科学分级

在实施分级教学模式时，首先要做的是根据学生的英语基础水平与发展的潜力进行科学分级，具体可以将学生分为三个级别：A 级、B 级、C 级。不同级别的学生的比例依据“两头小，中间大”的原则来划分。

C 级班的学生要具备较高的英语基础水平与语言掌握能力。教师在教学中应注意进一步加强对学生听说能力的培养，在最后一个学期可开设诸如报刊文摘选读、英美文学等选修课，以满足学生对英语学习的需求。

B 级班的学生基本掌握英语的语音与语法知识，但听说水平欠佳。教师在教学中可根据正常的教学进度，使学生的英语水平得到稳步提升。

C级班和B级班以外的学生就是A级班的学生，他们对英语语音、语法的掌握不那么扎实，教师在教学中应该适当降低教学的难度，注重对语音、语法、词汇方面的教学，从而夯实学生的英语基础。

2. 提高区分度

通常分级是根据学生的高考成绩与摸底考试的分数来进行的。近年来，自主命题的方式在很多地方得到了运用，这样高考分数不再是分级的唯一标准，而是分级的一个参考，再加上学生对摸底考试的重视程度有很大区别，因此摸底成绩难免会存在误差，据此进行的分级也就具有一定的偶然性。在实施分级的过程中，为了提高区分度，可以考虑实行双向选择。以高考成绩为参考，对学生进行摸底考试，同时结合学生个人意愿，在分级之前做好分级教学的解释、安排工作，让学生根据自身情况申请级别，最终结果由学校审定。这样就使学生的被动选班变为自主择级，同时有利于调动学生学习的积极性。

3. 贯彻好升降调整机制

所谓升降调整机制，指的是根据选拔和自愿的原则，在一定范围内定期调整学生的级别，使学生的级别随学习的兴趣、成绩、能力的变化而变化。通过采用升降调整机制，既可以激发学生学习的热情与积极性，又可以促进学生努力学习、积极进取。

采用分级教学模式，班级的级别不同，教学内容、教学形式、教学进度等也存在诸多差异，这给升降调整机制的施行带来了一定的困难。为了更好地解决这一问题，可以成立高级班，选拔英语较好的学生，同时作为实验班固定下来，不实行升降机制。B级与A级之间实行升降机制，事前设定好升降级的比例与名额，每学期微调一次。这种做法科学、合理，可以使不同的级别紧密衔接起来。

4. 制定科学的评价标准

采用分级教学模式，还应注意制定科学的评价标准。为了更好地检测教学效果，对不同级别的学生进行测试，所采用的试卷的难度应有所区别，以确保所测试的成绩的合理性。

分级教学模式有其自身的优势，但也有一些问题。

①在分级教学模式的指导下，个别学生容易产生自卑心理，对英语学习的积极性不高。尤其是A级班的学生，他们可能会因为被安排到“低层次”班级而产生自暴自弃的想法。如果学生对课堂教学形式与学习氛围不满意，他们就会对学习失去兴趣，从而会影响教师的教学效果。

②在分级教学模式的指导下，英语教学班级中的学生来自不同专业、不同班级，这增加了对学生管理、排课、考勤的难度。一旦管理操作方式出现了问题，就可能导致学生旷课、缺勤等情况的发生，最终影响教学效果。

③在分级教学模式的指导下，一些教师考虑到英语成绩不好的学生会使教学效果不好，并且这些学生对教师的考核评分也会产生一定的影响，所以有一些教师不愿承担 A 级班的课程，纷纷争抢 B 级班、C 级班的课程。还有一些学校直接将有资历、教学能力强的教师安排到 C 级班，将资历浅或新教师安排到 A 级班，这必然会影响教师教学的积极性。

为了降低上述问题所造成的负面影响，就应积极探索并完善分级体制、制定科学且合理的制度规范，从而提高教学的有效性。

三、个性化教学模式

不同的学生在心理特征、精神面貌方面各不相同。英语教学应充分尊重学生的个性化特征与身心发展的客观规律，对不同学生进行区别对待。个性化教学模式就是在该理念指导下的一种新的教学手段。个性化教学模式是在教学中根据不同个体的个性特点，选用不同的教学方法或途径，如可以是个别教学，可以是小组教学，也可以是班级教学，还可以将几种教学形式穿插使用，从而达到既定的培养目标。个性化教学模式在实施过程中，也应以教材为依托，以课堂为平台。其与普通教学模式的区别是这一教学模式为教师与学生提供了更大的个性展示空间。个性化教学模式是顺应新的教学理念的体现，该教学模式的实施对学生个性化发展以及素质教育质量的提高具有重要意义。

（一）个性化教学模式的概念

个性化教学的英文有“individualized instruction”“individualized teaching”“personalize instruction”等。这些词含义相近，但也存在一定的差异。在《个性化教学》一书中，艾伦（Allan）对“individualized teaching”和“individualized instruction”两个术语做了区分。他认为，前者强调的是教学过程中师生之间、生生之间以及学生与学习资源之间的互动；后者则是要求学生按照自己的学习进度安排学习任务，学生也可参与制定自己的学习日程。

在具体的英语教学中，教师需要以教学目标为根据，依托于具体的教材，在课堂上完成教学任务。可以说，个性化教学模式既是传统英语教学模式的延伸，也是一种改革与创新，其对于学生个性的发展、素质的提高有着积极的推动作用。

（二）个性化教学模式的划分

1. 国外学者的划分

根据不同的教学原理，不同学者对个性化教学模式提出了不同的分类体系。

（1）五分法

美国学者艾伦从学生学习的主动性、个别差异、学习策略以及技术运用的维度这三个方面，将个性化教学模式划分为五种类型。

①适应性教学模式，依据学生的个别差异，充分发展每位学生的个性。

②策略教学模式，强调学生要学会学习。

③计算机化教学模式，强调当代教学技术的使用。

④掌握教学模式，强调学生对知识的掌握。

⑤自主学习模式，强调学生学习的独立自主性。

（2）四分法

从教学过程的进展出发，美国沃尔伯格（Walberg）认为，个性化教学模式包含四种模式。

①随机模式，根据学生能力、经验等心理特征决定每位学生的学习起点，但是教学过程和教材不必具有序列性，在前一阶段未达到目标的情况下，可以超前学习新的单元，但最终均要达到同一目标。

②多元模式，根据不同学生的个体差异来决定学生的学习起点和最佳学习途径，最终实现同一教学目标。

③阶层模式，根据学生过去的学习经验、能力及其心理特征来决定学生的学习起点，保持学习过程的循序渐进。在重新学习新课题或新单元之前，每位学生必须达到教学目标，并且目标要一致。

④多元多阶段模式，即起点与途径是多元的，不要求人人达到同一教学目标。

2. 国内学者的划分

综合多位学者对个性化教学模式的分类，邓志伟从教学模式服务于教学目标的立场出发，把个性化教学模式分为五个类型。

（1）掌握教学

所谓“掌握学习”就是要求任何教师既能帮助“慢生”，又能帮助“快生”很好地学习，使他们获得各方面的发展。掌握学习是一套有效的个别化教学实践方法，采用个别、小组与集体相结合的形式进行，由教师与学生共同掌握教学的进度。

学生要认识世界和认识自己，就必须借助前人积累的知识。个人对于诸多有助于实现其目标的力量往往处于必然的无知状态，这种状况就要求教育必须借助人类文明中所积累的知识，实现学生“从无知向有知”的转化。在知识同化的过程中，学生利用其自身原有的观念吸收、消化新的知识，使新知识成为自身原有知识的一部分，使原有的知识观念得到发展。尽管学生不断获得和掌握知识，也为此感到自豪，但是学生知识的增长并不意味着学生无知的范围在逐渐缩小，因为伴随知识的增长，学生的认识范围也在不断扩大。由于人们关于世界和自己的知识的增长会恒久不断地向人们展现出新的领域，因此人们依据这种知识而建构起来的文明也会日益复杂，这就为人们在知识层面上理解和领悟周围的世界而造成了新的障碍。

知识的分工特性会扩大个人的必然无知范围，也使个人对这种知识中的大部分知识必然处于无知的状态，因此无须使学生尽可能多地掌握知识。这种状况是学习化社会的必然结果。尽管掌握教学旨在使学生获得和掌握知识，但掌握知识不是教育的最终目标，掌握知识的目的是提高自觉性。

（2）策略教学

策略教学是指以系统培养学生的学习策略为核心的教学模式。这种模式使学生通过学会学习而达到自己独立且自主学习的效果。

策略教学的思想最早可以追溯到我国古代的“授人以鱼，不如授人以渔”的思想。罗宾逊（Robinson）提出了 SQ3R 学习策略。

① Survey——通过看标题来了解内容的主旨。

② Question——提出疑问，启迪思维。

③ Read——在阅读中寻找答案。

④ Recall——回忆主旨与要义。

⑤ Review——复习教材，巩固学习。

但是，20 世纪 50 年代的研究并没有确立策略教学在教学中的重要位置，并且大多数研究并没有提供策略教学的系统框架，只是就知识的掌握与巩固提供了一些辅助性的策略。学校教育应关注培养学生的学习能力，使学生可以在其离开学校后依靠在学校中掌握的学习策略以及学习能力等进行自主学习。策略教学就是基于这种社会背景下而产生的教学的重心转移。

温诺格兰德（Winogrand）认为，策略教学的主旨就是帮助学生自主学习、进行信息加工与处理、解决问题。策略教学的原则包含如下四点。

①学习策略是一种分析学习任务和为特定情境设计恰当策略的问题解决形式。

②学习策略首先指个人用来成就教学目标的计划，并且教学计划要具有学生自己的风格。

③为实现有效学习，学习策略要求具有具体的学习技能或技巧，如浏览、修改篇章结构、采用记忆术等。

④在大多数学习情境中，学习策略一般侧重于为创造性学习目标服务，而非为知识性目标服务。

（3）创造思考教学

创造思考教学以培养学生的创造力、养成学生的创造精神、形成学生独立思考的行为习惯为基本目标。创造思考教学的使命就是“化知识为智慧”。从教育的立场看，智慧是人类的一种综合素质，包括智力、思考力、创造力以及相应的创造精神等要素。其中，创造力是对个体解决问题的能力的最高表现，也是人类及个体智慧的最高表现。

随着学习化社会的到来，知识的创造成为社会的重心，创造性的培养也成为世界各国教育教学关注的重心。这就要求教师应更新教育教学观念，实施发展与人的创造性相一致的教育教学，使学生在掌握知识的基础上“化知识为智慧”，成为具有创造性的人。

（4）情意教学

情意教学是德性本位的教育。“全人格”的教育要求必须实现人从智慧到德性的转化，情意教学就是实现这种转化的中间环节。

如果说实现“转识成智”的目的是使每一个人具有最大限度的创造性，那么实现“化智为德”则是对这种创造性进行价值判断。一个人有能力创造出这种或那种产品，并不意味着产品就符合、满足人们的需要，要使一种产品满足人们的需要，就必须使人们觉得它可用。但是，这种评价要运用人类的理智和理性对其进行约束。人类及个人的价值具有两重性：一方面由于其增进人类利益的目的而有功利性，因此具有工具的意义；另一方面，它是人的本质力量的显现，人在其中能获得精神的满足，因此具有内在价值。精神主体所具有的知、意、情等力量是在其固有的自然禀赋的基础上，主要通过教育和实践培养而锻炼出来的。人类的进步和自由不仅是物质的繁荣，更表现为人类在精神方面的本质力量（知、意、情等）的不断发展和完善。情意教学就是为了最充分地发展人的本质力量而提出的，它是培养具有自由德性的主体的“全人格”教育的重要环节。

从广义上说，情意教学就是把情绪提升为情感、情操，把人的自然属性提升为人性、灵性，把人的野性转化为意志、品德，从而形成符合人类理想的价值观、世界观、人生观，并使理想转化为现实的且主体的精神和信念的过程。因此，教育的使命是教学生知道人类的复杂性和多样性、人类的共性与相互依存的状况。教育的一个特定目的就是要培养学生感情方面的品质，特别是在人和人的关系中的感情和品质，系统地培养有助于人们学会彼此如何交往、如何在共同的任务中彼此合作。

为实现健全的人格，情意教学要想建构道德主体必须从四个维度考虑。

①发展性建构。发展性建构是把学生视为一个“人性本善”的人，通过运用合乎人类理想的道德规范，使一个具有天资和禀赋的学生成长为符合人类道德理想的主体。

②预防性建构。在社会的感性实践过程中，他或她可能会在道德行为、价值观上发生背离人类道德理想的偏差，因此，情意教学必须在教学中进行价值是非的澄清，预防学生可能出现的在情意发展上的偏差。

③辅助性建构。在某种意义上，教育更多地体现在辅助和帮助个人上，使之成为具有人性的人。在学生的发展中，教育教学与感性的劳动实践是相辅相成、共同作用的。

④矫治性建构。就像主体的生物学形态一样，每一个人在从生到死的过程中，都会发生“病变”，人的精神形态同样会发生“病变”。个体对外界的人和事的不恰当的知觉会导致个体对社会适应不良。情意教学通过提供恰当的引导，纠正不当的思维方式和价值观，使个体摆脱不适应社会的困境。

（三）个性化教学模式的优势

1. 有利于提高学生的学习兴趣

个性化教学模式强调尊重学生主体，为学生的个性化发展提供机会与条件，使学生受到更多重视，在这一教学模式的指导下，可以使学生注意力更集中，并有利于提高学生的学习兴趣。与传统课堂教学模式不同，采用个性化教学模式，教师在教学过程中重视师生、生生之间的互动，学生可以就遇到的问题提出质疑，教师也会及时解答，长此以往，这样则有利于提高学生的学习兴趣。

2. 有利于创建平等且和谐的教学课堂

个性化教学模式打破了传统教学模式的局限，注重学生的主体地位，尊重学生的意见，强调师生互动，给学生提供了表达个人意见的机会，这有利于营造和谐的课堂气氛，构建平等且和谐的教学课堂。

3. 有利于培养个性化的人才

在个性化教学模式中，学生的个性发展与职业规划以及社会需求紧密结合起来，符合当前知识经济、和谐社会需要的较高要求。在英语教学中，教师通过采用个性化教学模式，为学生创造出对个性发展有利的学习环境，使学生充分展现自身的优势，从而为以后的职业发展做好准备。

（四）个性化教学模式的要求

1. 教学理念层面

理念即理想的观念，是人们不断追求的观念。个性化教学模式应确保教学理念的个性化。英语教学理念的个性化并非标准化的英语教学，而应是内涵丰富的、多元化的英语教学，是富有个性的教学。

2. 教学目的层面

个性化教学模式要求目的的个性化。英语教学的目的应是培养个性化的人才，而非标准化的人才，教学应致力于呈现学生个性的一面，而不是千人一面，并同时培养学生的创新意识与创新能力。

3. 教学内容层面

个性化教学模式在内容上的个体化主要体现为以下两点。

（1）个体的多样性与课程的选择性

根据个体的多样化，教师在英语教学中应尊重每一位学生的个性特征，以学生的学习方法与经验作为参考，塑造学生独特的知识体系、能力与价值观。英语教学应充分挖掘每位学生的潜能，使学生的特长得到充分发挥，从而做到人尽其才。这就需要建立选修课程制度，让学生根据自身情况来进行自主选择，以促进学生的个性发展。

（2）主体的参与性与课程的生成性

学生通过积极地参与实践活动而获取知识是至关重要的。教学活动与课程是学生个性发展的实践性活动，在课程教学中，学生只有亲自参与实践才能获取知识。

就课程的生成而言，个性化教学模式应注意以下四个方面。

第一，建立选修课程制度，发展学生的个性。

第二，英语教材应该从“一纲一本”向“一纲多本”转变，使教材满足不同学生个体的需要。

第三，课程知识应考虑学生的个性特点，可以通过图文并茂的形式来呈现知识，并实现多元化。

第四，课程应该保证分化与统整，并实现二者的紧密结合。

4. 教学方法层面

个性化教学模式要做到方法的个性化，根据不同的学习对象与知识类型进行选择，具体可以考虑以下四种教学方法。

①有意义的发现学习。

②有意义的接受学习。

③情感体验学习。

④体悟—感悟—顿悟学习。

英语教师应熟悉和掌握以上相关方法的理论知识，并注意将理论运用于教学实践中。

5. 教学形式层面

在英语教学过程中，教师难免会遇到一些问题，如教什么、如何教、如何实现教学目标等。这些问题主要由学生的意向、兴趣、能力、经验、需求等所决定。从学生层面来看，这种学习活动具有自发性，因此教学要注意做到教学形式的个性化。在具体的教学实践中，教师可以采取多种形式，如小组式、同伴式、合作学习、探究学习、自主学习等来完成教学。

第五章　信息化时代英语教育教学的改革创新

进入信息化时代，英语教育教学也应该随着时代的进步有所改革，适应时代的发展。本章主要介绍了基于大数据驱动的英语教师专业发展、MOOCs 模式在英语教学上的应用、信息化英语教学平台的建设三方面改革内容。

第一节　基于大数据驱动的英语教师专业发展

一、大数据驱动下大学英语教师的角色与素质

大数据影响下的大学英语教学作为一种新兴的教学方式，有效促进了课堂教学效果的提高和教学目标的达成，实现了个性化学习，并对教师提出了新的要求，促进了教师角色的转变。具体而言，在大数据影响下的大学英语教学中，大学英语教师的角色发生了显著的变化。大数据影响下的大学英语教师角色让课堂更为有效、生动，教师发挥了更多的引导和协助的作用，为学生提供了个性化学习感受和多样化学习方式，对英语教学的顺利进行有着显著的促进作用。

说到角色，一般人会觉得其与身份、地位有关，认为角色是对人们身份、地位的诠释。在当今社会，教师扮演着十分重要的角色，他们以各种方式调动学生参与活动，并引导学生在自己设定的环境中展开探索。

（一）大数据驱动下大学英语教师的角色定位

传统的大学英语教师所扮演的角色已经很难适应当今社会的需要。在这个多元化的社会，教育具有多样性，需要适应不同层次、不同族群人的需求。教师需要以文化传承执行者的角色展现在人们的面前，通过间接的形式逐渐实现文化传递。只有具有多元文化教育观的教师才能与多元文化社会教育相适应。也就是说，教师不再是知识的传授者与复制者这些简单的角色，而是被赋予了新的多样角色。下面就具体分析大学英语教师角色的转变。

1. 语言知识的诠释者

大学英语教师是英语语言知识的诠释者，他们在开展课程教学之前，首先必须具备渊博的知识。简单来说，大学英语教师需要对英语专业知识有系统的、全面的把握，并能够利用这些知识分析语言现象。一般来说，英语教师需要掌握的专业知识包括理论知识、语境知识、实践知识等，这些知识中囊括了语音、词汇、语法、语篇、文化等知识，大学英语教师只有掌握了这些知识，才能解决学生学习中遇到的实际问题，帮助学生提升自我，实现更好的语言输出。

2. 语言技能的传授者

当然除了英语知识，大学英语教师还需要掌握语言技能，并且将这些技能传授给学生。在学生学习语言的过程中，掌握语言知识是基本要求，而最终目的是提升自身的语言技能。一般来说，语言技能包含听、说、读、写、译五项。就语言的发展规律而言，听、说居于重要地位，读、写、译其次；但就外语教育的角度而言，读、写、译居于重要地位，听、说其次。这就说明大学英语课程教学的目标是让学生具备一定的读、写、译能力，而听、说能力是实现读、写、译能力的前提与基础。大学英语教师要想提高教学质量，使学生熟练地驾驭英语这门语言，就必须让他们掌握这五项技能，并且保证五项技能的有机结合，从而提升学生的语言综合技能。

3. 课堂活动的组织者

无论是大学英语课程教学还是其他教学，课堂活动都是必不可少的一部分。大学英语教师要想提升自身的教学质量，必须设计出合理的课堂活动，如辩论、对话、表演等，这些都是能够让学生参与其中的教学活动，让学生有真实的语言训练机会，能够提升学生的语言表达能力。在教学活动中，学生也会不断加深对英语语言知识与技能的印象，巩固自身的知识。

4. 教学方法的探求者

大学英语教师在大学英语课程教学中不能仅使用一种教学方法，应该承担起教学方法开发者与设计者的角色，创新教学方法，使课堂更多样有趣。与其他学科相比，大学英语课程教学具有极强的实践性，因此其与教学方法的关系更为密切，甚至教师对语言知识的分析、学生语言技能的掌握、教师课堂活动的组织等都需要考虑相应的教学方法。

随着对英语课程教学的深入研究，很多学者探索出了多种教学方法，如语法—翻译法、交际法、任务法、情境法等，这些教学方法各有利弊。大学英语教师需要考虑教学的实际情况以及学生的实际水平，选择适合自己的教学方法组织教学，有时候甚至需要多种方法并用，从而达到最佳的教学效果。

5. 网络技术应用者

（1）语言单元任务的设计者

要想实现单元主题目标，就必然需要对单元任务进行设计，这是大学英语教师的一项重要任务。学生通过教师设计的这些真实的任务不仅可以拓宽自己的语言知识面，还能够提升自身解决具体问题的能力。因此，在英语教学中，语言单元训练任务的设计是非常重要的。这要求教师在网上设计相应的单元任务，让学生在规定的时间内完成，最后提交完成任务的结果。通过这种方式，学生可以降低自身的压力，更愿意参与其中。

另外，通过网络学生可以根据自身的实际情况选择教师设计的任务，遇到问题时也可以与教师或其他同学进行网上交流，最后呈现自己的作品或观点。显然，这种方式不仅锻炼了学生的英语语言表达能力，还有助于提升学生的兴趣和积极性，加强人与人之间的交往与合作。

（2）有效主题教学模式的设计者

在新形势下，大学英语课程教学要求教师不断探求新的教学模式与方法。具体来说，大学英语教师不仅需要发挥网络的优势，还需要提升学生学习的效率。对此，大学英语教师在设计主题教学模式时，应该选择学生感兴趣的话题，并且使整个教学模式都围绕这一主题开展，以小组合作讨论的形式完成任务，最后提交讨论结果。

当然，由于处于网络环境下，大学英语教师设计的每一个主题应该能让学生在网络上找到丰富的资料，包括这一主题的文化背景与发展动态等，然后由学生进行总结与归纳，进而在网上进行讨论。这样的设计模式实际上帮助学生摆脱了课本的限制。

另外，在设计有效主题教学模式时，大学英语教师要尽量链接一些有效网址，帮助学生接触更多的国内外文化知识。大学英语教师还可以下载一些前沿性的资料以吸引学生，提升他们的求知欲。当然，对于一些敏感性的话题，大学英语教师要进行正确指导，避免学生出现文化偏见。

（3）学生网络学习的帮助者

在大学英语课程教学中，网络能够起到监督的作用。通过网络监督，大学英语教师可以对学生的学习过程有所了解与把握，从而帮助学生实现自己的学习目标。大学英语教师是学生进行网络学习的帮助者，尤其对于后进生而言，大学英语教师更是发挥了重要的作用，他们通过记录学生浏览网页的情况了解学生是否参与其中，从而了解学生在学习中遇到的困难，之后帮助学生解决实际的问题。

另外，由于不同的学生遇到的困难不同，因此大学英语教师应该给予分别指导，促进不同层次学生各自的进步。显然，大学英语教师对学生网络学习的帮助更具有人情味，不仅有助于提升优等生的水平，还有助于避免后进生的畏惧心理，帮助不同层次的学生解决不同的问题，真正帮助他们实现有效的自主学习。

（4）在线学习系统的建立者和学生学习过程的监控调节者

网络为学生的英语学习提供了便利，而教师在其中起到了调控学生学习、提供个别指导的作用，但在这之前就需要建构一个完善的在线学习系统。在这一系统中，有教师与学生两个端口。学生通过填写自己的信息，向教师端提出申请，教师负责审核，使学生加入这一系统中。

根据在线学习系统的导航提示，学生可以获取自身所需的资料，也可以下载下来。例如，某一在线学习系统可能包含单元测试与家庭作业两个项目，在单元测试中学生可以进行训练与测试，在家庭作业中学生可以提交自己的作业。之后，学生可以通过论坛、微信等与教师进行讨论，实现网上交流。

（二）大数据驱动下大学英语教师的素质定位

1．以学生为中心的教学意识

在传统的大学英语教学模式中，教师在课堂上占据绝对的主体地位，他们是教学活动的掌控者、组织者，学生是被动的参与者。在这样的教学过程中，教师也不会意识到学生是存在差异的；即便教师注意到了这一点，大多数教师也会忽略。

实际上，在大学英语课堂中所有的学生形成一个多元文化语境，他们来自不同的地区，具有不同的成长背景，这就使得他们有着不同的接受能力、不同的思维方式等。如果教师对所有学生都一视同仁，那么必然会削弱学生学习的积极性与主动性，也势必会导致教学效果不佳。

在跨文化教育背景下，教师应该“以学生为中心”。教师自身的角色也应该发生改变，从原本对课堂的控制者转变为对学生英语学习的辅助者，同时对待每一位学生都应该持有平等、公平的态度。教师要认识到学生的文化差异与多样性，对不同的学生采用不同的方法，使学生成为教学的主体，展现自身的个性，从而更好地在多元的环境中习得英语这门语言。

2．信息化时代下的信息素质

随着科技的日益进步，人们逐渐意识到人才的高素质是一个国家、一个民族最大的竞争力。在所有素质中，信息素质是一个最不可忽视的方面。因此，各国教育界都特别注重对个人信息素质的培养，很多国家从中小学起就抓孩子的信息素质教育。然而，对于中国来说，信息素质教育的起步特别晚，并且一直以来仅对在校的高校学生开展文献课，直到教育信息化实施，才在一些条件相对较好的中小学开设信息教育课。对于在职的高校教师而言，信息素质教育根本就没得到应有的重视，甚至有的教师都不知道信息素质的含义。很多资料表明，我国高校教师的信息素质早已无法满足当今教育信息化对高等教育发展的需求，与发达国家相比，存在巨大差距。

二、大数据驱动下大学英语教师专业发展的途径

大数据影响下的大学英语教学对教师的专业能力提出了更高层次的要求，如何实现教师的专业化发展逐渐受到了人们的关注。下面就从两点来探究大数据驱动下大学英语教师专业发展的途径。

（一）提升专业能力

教师要想在跨文化教育背景下提升自身的跨文化意识，首先就需要提升自身的专业能力。具体来说，可以从如下两点着手。

1. 专业引领

当前，我国的大学英语教学在不断革新，先进的理念需要有骨干研究者的带领才能促进自身的专业发展。[①] 一般来说，教学专家、资深教师等都可以起到专业引领的作用。普通大学英语教师要向他们学习，接触先进的思想，从而推动自身的专业化发展。

（1）专业引领的要求

要发挥专家与普通大学英语教师的能动性与积极性。不同的引领人员，所侧重的层面必然不同。科研专家对教学理论非常注重，其在引领上更注重理论与实践的结合。骨干教师注重教学实践，其在引领上更注重具体操作。但是无论是哪一种引领，都要求他们既能够在理论上进行指导，还能够在具体操作中提供建议。普通的大学英语教师应该配合专家与骨干教师，对其给予的建议要认真听取，并择优采纳，分析与总结自身的教学问题，对自己的教学活动进行反思，提升自身的专业素质。

① 孟丽华，武书敬. 网络环境下大学英语教师专业素质发展研究 [M]. 北京：外语教学与研究出版社，2015.

大学英语教师专业发展的总目标在于让他们能够对新知识、新信息予以把握，并且能够在这些新知识、新信息的基础上提升自身的专业素质。不同的大学英语教师存在着个体的差异，在专业发展、水平上也必然不同，因此在进行专业引领时，需要考虑不同教师的具体情况，对不同的教师制定与他们相符的方法，从而实现专业引领的合理性与有效性。

（2）专业引领与大学英语教师专业能力发展

从上述分析可知，专业引领对于大学英语教师专业能力发展非常重要，具体而言可以从如下两个层面着眼。

①阐述教学理念。大学英语教师的教学行为往往会受到教学理念的影响，因此在专业引领中，专家、骨干教师等应该尽可能引导普通的大学英语教师熟悉与掌握教学理念，可以采用讲座或者报告等形式。

②共同拟订教学方案。当普通的大学英语教师对先进的理念掌握之后，专家、骨干教师应该与普通的大学英语教师共同探讨先进的教学方案。在这一过程中，专家、骨干教师不仅是引领者，还需要对普通的大学英语教师的教学设计提出建议、给予指导，从而让普通的大学英语教师的教学设计更为完善。在专家、骨干教师等的引领下，普通的大学英语教师能够顺利地制订出与教学理念相符的教学方案，并将这一方案付诸实践。

（3）指导教学实践尝试

制订完教学方案之后，就需要将其付诸实践，从而对教学方案进行验证。在验证时，专家、骨干教师应该参与，对教师的教学行为进行记录，从而与具体的方案进行对比，找出差距。在教师结束课堂教学之后，专家、骨干教师与普通的大学英语教师进行分析与探讨，对教学方案进行修订，从而使方案更完善、更切合实际。

2. 课堂观察

所谓课堂观察是指通过有计划的观察，对课堂的运行情况以及一些细节进行分析与记录，从而改进教师的课堂教学与学生的学习。

与一般的观察相比，课堂观察要求观察者有明确的目的，并借助观察表、录像设备等手段，直接或间接地从课堂收集资料，并对收集的资料进行研究与分析。

课堂观察对于大学英语教师的专业发展有着重要的意义，具体而言表现为如下两点。

（1）课堂观察有助于教师专业发展的实践反思

基于课堂观察的自我反思是教师在教学中做出的并能够产生结果的分析与审

视。在反思的过程中，教师将自己视作有见解、有理想、有决策能力的人。这样教师就会对教学行为、教学计划等进行分析与自评。反思能力的养成是确保教师继续学习的基本条件。在反思中，教师对自己的专业视野加以拓宽，将自己追求超越的动机激发出来。同时，这种观察不仅有助于对自己的教学实践与教学行为加以改进，还有助于不断提升自身的教学水平与教学质量，促进自身的成长。

课堂观察使得教师对课堂情况进行真正的认识，也有助于不断激发教师的自我发现、自我设计。通过自己与同事的观察，教师能够不断提升对自我的认识，不断增强自信心与责任感，由此促进教师批判地、系统地分析自己的教学行为与教学水平，发展自己的判断能力，使自己与其他同行之间相互交流与通力合作，解决教学中存在的现实问题，并通过课堂观察，对自己的教学不足加以改进，提升自身的教学水平与教学质量。

（2）课堂观察有助于加强教师对课堂的驾驭能力

教师对于教室内发生的教学管理、教学行为等，只有进行全面的、系统的观察，才能真正地将课堂中的各种行为记录在内心，保持教学能够顺利地开展，并获得口头的或者书面的评价资料等。因此，对于教师来说，课堂观察是理解与解释课堂事件背后的意义最为直接的方法，对于教师理解与把握课堂行为有着极其重要的作用与较高的价值。

（二）增强专业意识

所谓教师的专业发展意识指的是教师按照教师专业化的要求，对自己专业发展过程、目前专业发展状态、未来专业发展规划的系统化、理论化的认识。教师的专业意识是基于教师的自我意识、职业认同产生与呈现的，其对于教师素质与能力的拓展起着重要的规划与导向作用。

要想增强大学英语教师的专业意识，首先就要掌握一定的方式、方法和策略，这是信息化教学能力培养的中观层面。在这一层面中，大学英语教师的职前培养、教学实践、在职培训、协作交流、自主学习等是最为主要的几个方面。

1. 进行职前和在职培养

大学英语教师信息化教学能力的发展是一个系统的过程，进行职前与在职培训是大学英语教师信息化教学能力发展的重要促进环节，两者是紧密结合的。通过职前培训，大学英语教师能够系统地掌握信息化教学技术的知识和能力，为下一步在大学英语教学过程中运用大数据打下坚实的基础。通过在职培训，大学英语教师能够及时学习最新的信息化教学技术，并可以与更多的大学英语教师进行沟通交流，从而提高自己的信息化教学能力。

2. 传统方式与网络方式相结合

在当今大学英语教学中利用信息化技术进行大学英语教学时，也不要忽略了传统的大学英语教学方式，要将传统的教学方式与网络方式结合起来，教师在教学过程中要与学生进行不断的面对面的交流，不断提高自己的信息化教学能力。随着大数据的不断发展，人们获取信息资源的渠道逐渐多元化，无论是知识的获取还是教学经验的分享等都可以通过网络来实现。因此，将传统方式和网络方式结合起来能极大地提高大学英语教师的教学能力，从而促进大学英语教学质量的提升。

3. 自主学习与合作交流相结合

在大数据教学背景下，大学英语教师要想具备一定的信息化教学能力，就需要通过不断的学习和提高，以适应不断发展和变化着的高校教育。在平时的工作中，大学英语教师可以通过自主学习掌握基本的信息化技术手段，与其他的大学英语教师进行沟通与合作，多参加一些与信息化教学有关的研讨课等，逐步提升自己的信息化教学能力。在面对面协作交流的过程中，要注重提高虚拟的、跨时空的协作交流能力。这对于大学英语教师掌握信息化技术、提高大学英语教学水平具有非常大的帮助。

4. 技术知识与实践应用相结合

信息化技术知识与能力主要是大学英语教师通过职前培训得到的，但需要注意的是，仅掌握信息化技术知识是远远不够的，还要具备一定的技术知识与实践应用相结合的能力。通过大数据的培训，大学英语教师可以在学习中体验和模仿，强化对大数据知识的实践应用。只有将技术知识与实践应用充分结合起来，才能实现既定的学习目标。

信息化教学的技术手段有很多，作为一名大学英语教师，一定要学习和掌握基本的教学技术软件，尤其是对于一些年龄较大，不易接受新鲜事物的大学英语教师而言可能存在一定困难。在平时的信息化教学中，演示文稿、多媒体教学软件等都是最为常用的技术，大学英语教师还要利用计算机收集和掌握一些教学素材，不断提高自己的多媒体技术能力，从而不断提高自己的信息化教学能力。

随着现代信息化技术的不断发展，网络上出现了各种培训课程，其中有关网络技术的培训课程也是相当多的，这一部分课程既有免费的也有付费的，通常都有着较强的专业性，作为一名大学英语教师，尤其是信息化技术教学水平较差的教师，可以多参加一些网络技术课程的学习，从而提升自己的信息化教学能力。

第二节 MOOCs 模式在英语教学上的应用

一、MOOCs 的基本内涵

MOOCs 即慕课，是大规模开放在线课程 massive open online course 的缩写，是近些年来开放教育领域出现的众多全新课程模式的一种。MOOCs 从字面上来看是一种课程模式，具有规模大、开放性、在线等一系列特点。《牛津词典》对“MOOCs”的释义：“一种学习的课程，通过互联网来获取，不对大规模的人群收费，任何人只要决定学习 MOOCs 这一课程，就都可以登录网站并且去注册学习。”而《维基百科》在“MOOCs”词条中把 MOOCs 作为远程教育最新的发展成果，是远程教育的一种。它认为：“慕课是一种对所有在线用户开放的网络课程，不限制参加人数。它除了提供已经制作好的课程视频、阅读材料以及相关问题测试之外，还提供用户交流的论坛平台，其目的是支持学习者和教授、助教们的社区交流。”

MOOCs 术语的出现是近年来的事情，其中很多问题都在争论之中。因为 MOOCs 具有重要的应用价值，所以在这个学习平台上学习者可以根据自己的个人想法，量身选择全世界最好的教育资源，完成在线学习、互动、交流、考核、测试、获得认证的全过程，实现自我的全面发展。许多国家和国际组织都成立了专门研究组织或机构对 MOOCs 进行本土化的研究和实践。由于经济、文化、教育环境不一样，人们对 MOOCs 的认识还存在着诸多差异，不同的理论流派也开始对 MOOCs 的应用进行了不同的划分。

在最开始的时候，MOOCs 的概念是基于关联主义学习理论的，认为学习就是通过非正式网络关系而促成的。关联主义学习理论是互联网时代具有深远影响的学习理论之一。MOOCs 基于关联主义学习理论，是关联主义学习理论的教学试验场，培养信息社会和知识经济时代所需要的数字技能为重要的出发点。除了拥有大规模、开放、在线、免费等基本特点以外，关联主义 MOOCs 还具有其他特征，如非结构化的课程内容、注重学习通道的建立、学习者高度自主、学习具有自发性。英国开放性大学在 MOOCs 浪潮兴起之后，也由原先英国开放大学自身的课程资源共享平台发展到由很多所英国著名大学、大英图书馆、英国文化委员会、大英博物馆等合作伙伴共同加入的 MOOCs 平台。

MOOCs 与传统网络课程相比，除了会提供学习的视频课件资源、文本材料以及在线答疑的服务之外，还提供学习用户用于讨论 MOOCs 的学习内容以及相应主题的交互性社区。这种目的在于进行大规模的学生交流互动参与、基于网络开放式资源获取的在线课程，把有志于学习的人和想要帮助他人学习的专家组织到了一起，从而形成了数以万计的人同时选学一门课程的奇景。其中更引人注意的是这种课程几乎没有门槛的限制，MOOCs 的分享合作可以跨越不同的技术平台，能够在脸书、博客、推特等学习者惯用的新媒体中进行传播，并且学习时间也是比较自由的，学习环境也没有什么限制，而且这些都是免费、可信的。

Massive 一词，翻译为“大规模”，指的是学习者课堂容量的大规模。学习者可以在线自由地选择想要学习的课程。由于参加 MOOCs 学习的人数没有限制，一门课程注册人数可达数万甚至几十万。当然，能够坚持按要求修完课程的学生比率往往是非常低的。当我们提到“大规模”，便会想到它的“限度”问题。就从数量上说，即没有具体的参加人数限制的问题。就目前而言，100 人的课堂相对于传统的线下课堂，尤其是高校的通识课与公选课课堂，还不算是“大规模”的，但是这个数字确实已经远远超过了普通的传统学校一堂课学生的容量了。在 MOOCs 的课堂中，100 人的课堂并不算新鲜，1000 人乃至 10000 人甚至更多的参与人数也是可以实现的，并且就目前来看还没有达到上限，这个“大规模”恐怕没是有办法用具体的数字做出划分的。所以，这也就充分体现了 MOOCs 课程的规模之“大”。

Open 的意思是“开放”。从已有 MOOCs 课程来看，学习者从注册到学习整个过程是完全免费的。MOOCs 打破了传统大学课程的局限性，学习者不受空间、时间和身份的限制，每个学习者都可以根据自己的兴趣及学习基础，按照自己的时间，注册自己需要学习的课程，而且对于大多数 MOOCs 课程来说，参与学习者都无须缴付任何费用，并且课程结束之后，学习者可以通过已经完成的作业和在线考试得到 MOOCs 平台颁发的对应课程的电子版合格证书。同时，也有些 MOOCs 平台为满足部分学习者的需要和需求，与愿意提供学分的大学达成合作，向学习者提供该大学的学分。这种能够提供学分的课程需要学习者去支付考试的费用，且要求也变得更为严格。

Online 是 MOOCs 课程开放的载体，也就是互联网。MOOCs 是远程教育的一种方式，学习者通过互联网，使用个人计算机（PC）、平板电脑和智能手机等各种终端学习选修的课程，与课程教师或团队及选修同一课程的其他学习者之间的交互也是以在线的方式实现。正是由于它处于网络环境中，才能实现前面“大规模”和“开放”的特点。同样，对于这种“在线”，有的人仍有疑惑：是只要在网络上有的课程资源就算 MOOCs 呢，还是得在学习过程中有学习者与教师的交互才能算是 MOOCs 呢？这个疑惑指向的正是 MOOCs 与传统网络课程资源的最大不同——MOOCs 有师生实时交互和学习者之间相互评价的过程，并且除线上交流之外，一些地区还在 MOOCs 的基础上建立了本地群组，使线下的交流讨论变得更加方便。

构成“MOOC”这个专有名词的最后一个单词是“course”，它是 MOOCs 的中心词。“course”表达的是课程的含义，但这种课程不是网上分享的精品课件资料，也不单是一门课的课程设计，而是包含线上线下、从课程设计开始到教学过程结束的动态整体。尽管 MOOCs 是在线的开放性课程，但是 MOOCs 拥有跟传统课堂相似的教学流程，包括学习、反馈、作业、讨论、评价与考试等，每一门 MOOCs 都是一门完整的课程，都要符合教学论中“教学活动七要素”的理论要求，即一个完整的教学活动应当包括教学目的、学生、课程内容、教学方法、教学环境、学习反馈和教师这七个要素。它包含了课程和教学的设计理念，课程内容的选择与制作，教学进程的管理和互动，最终学分与评价等很多方面。

二、MOOCs 模式对英语专业教育的影响

从 2013 年开始，短短的几年时间内，MOOCs 平台在中国的本土化创新应用和多元化开发建设掀起了我国高校 MOOCs 建设的高潮，推动了混合式教学模式（O2O）在很多学校的深入改革，为高等教育改革与发展揭开了新的篇章。

MOOCs 作为新型教育发展模式，正在日益冲击着传统教育模式，给学生、教师和学校都带来重大的影响，也在进一步促进传统教育的改革。越来越多的高校加入全球 MOOCs 在线教育平台，MOOCs 已经对当今世界教育发挥着重要的作用与影响，成为教育改革的新方向，在教育公平性上毫无疑问地推动着世界教育的发展进程。

（一）对学生的影响

传统教育模式下，学生只能通过高考且考试通过才可以接受高等教育，而那些落榜考生便与优质的高等教育资源无缘了，但是在 MOOCs 网络课堂上学生只需要拥有电脑和网络，注册 MOOCs 网上在线学习平台，就可以尽情地获取各式优质学习资源，自由地选择学习课程选修学分，修满足够的学分还可以顺利毕业，拿到心仪学校的毕业证。这些在传统教育模式下是不可能实现的。MOOCs 打破

传统教育的封锁，使学生由被动学习变成积极自主的选课学习，学习主动性和效率大幅提升。

另外，MOOCs 平台的教学管理也相对严格，学生选课后要想得到相应学分，必须严格按照规定完成学习任务，类似学生作业的相互批改、小组合作等都提高了学生的参与度，加强了学生的自我学习管理，对学生自身也有了更高的要求。MOOCs 的线上学习评价系统也相当完备，加之高科技信息技术的协助，MOOCs 在线网络课堂会对学生的自我教育、自我管理、自我激励、自我约束等方面会有更大的提升。

（二）对教师的影响

MOOCs 在线网络课堂对教师群体产生重大影响，不仅对教师教学水平提出更高要求，对教师本人的综合素质也提出了挑战。MOOCs 网络课堂将传统以教师为中心的教学模式转变为以学生互动、研讨为核心的对话式教学，学生的主体性、自主性得到彰显，而教师也将被置于一个公开、平等的舞台上，接受全国社会各界乃至全球广大学习者的评价，这无疑给高校教师带来了压力。在新型网络教学模式下，学生自主在课前通过 MOOCs 在线网络观看教学视频，完成学习任务，而在课堂上更多的是参与话题设置，与教师、学生交流研讨等，这种教学模式对学生的学习具有重大的革命意义。同时，MOOCs 教学模式下多向式的互动改变了传统师生关系，维系了师生间亦师亦友的美好情谊。

在当下，教师参与 MOOCs 革命势在必行，MOOCs 网络课程优质资源离不开整个高校教师团队的协同推进，只有大家目标统一，共同协作，才会实现课程资源源源不断的优质供给。为此，教师要适应时代发展的需要，努力提高自身的学习能力和信息素养，关注 MOOCs 的发展进程和新的信息，同时学习先进的网络信息技术、熟练运用新媒体、积极参与网络课程的录制等。

不可否认，教师是学校的重要组成部分，在高等教育阶段，教师还需要承担一定的科研任务。从目前高等教育的教师职能来看，除了一些具有研究型定位的大学中有专门进行科研的教师，大部分教师的职能仍是以教学为主。学校人员组织不外两大类：专业教师和行政管理人员。不过，随着 MOOCs 的不断发展以及与高等教育机构的不断融合，这种人员组织形式会被打破。我们从整个实施过程中看 MOOCs 的工作人员中包含这些人：

首先，课程创建之初必须有对专门领域十分熟悉的专家型学者对整个课程内容进行把控。他提供的往往是一门课程最初的蓝本，会决定课程能否引起学习者的关注和兴趣。其次，需要一个具有自己的个性特点、精于授课的主讲教师。这类教师一般风趣幽默，课堂经验丰富，他是课程最直观的“门户”。有一项对我国学习者的 MOOCs 认同感的调查显示，学习者对课程的授课教师的认同感仅次于对课程内容的认同感。由此可见优秀教师对课程成功的重要性。因为在线学习是时空分离的，授课教师在讲座视频中表现出的教学素质和专业才能往往对课程内容的展现具有决定性作用。接受线上课程的学习者一般厌倦课堂照本宣科式的沉闷，所以 MOOCs 教师对学习者的吸引大多取决于教师独有的个人魅力。很多学习者，尤其是在校大学生对授课教师崇拜不已，追捧程度不亚于追捧偶像明星。“公正该如何是好”系类课程的授课教师桑德尔（Sandel）就是其中之一。

其实在 MOOCs 经过两年多的发展后，很多热门课程的授课者在 MOOCs 圈内已俨然是“名人”的代名词，很多学习者不仅会按照自己的需要选择课程，还会慕名前去学习固定几位教师的新开课程，即使课程内容最开始并不是他所需要或感兴趣的。因此，很多授课教师会在课程讲授中充分发挥自己的个性，甚至响应论坛中学习者提出的整改建议，使得自己的课程与众不同，这种平等放松的授课环境的建立离不开优秀的讲授者的努力。

上面提到的是构成MOOCs运作人员最主要的部分，他们承担了一门 MOOCs 最核心的职能。这里提到的课程设计者和讲授者可能是一个人，也可能是几个有相同志趣的合作者。除了他们 MOOCs 的良性运作还少不了技术人员的支持，比如，讲座视频的录制与剪辑，灯光音效设备的调试，还有讲课过程中可能用到的软件等教育技术的提供、线上平台的维护等。此外，还有许多帮助教师进行论坛管理、在线答疑、实时与学习者互动的助教。整个 MOOCs 教师团队就是个分工合作、缺一不可的完整体，这个制作过程是传统教师自己独立完成不了的。论坛中有人曾这样形象地评价 MOOCs 课程制作，认为这就是“用制作一部网络连续剧的方式制作课程”，编剧、导演、演员乃至后勤保障缺一不可，足见团队的重要。

（三）对学校的影响

MOOCs 的出现打破了高等教育垄断优质教学资源的局面。面对 MOOCs 网络平台猛烈的冲击，传统高校绝对不能回避、不能置身度外，必须高度重视并积极应对、主动参与，并将自身弱势转换为机遇，改革教育教学模式，实现高校优质教育资源共享。

首先，各大高校必须加强网络信息建设，主要针对硬件的信息化和人才自身信息化能力建设。高校应该推进建设数字化、智慧化校园等，打造校园MOOCs平台，推进自身优质教学资源的国际化宣传推广。高校间可以强强联手，一起构建高校共享联盟，将资源聚合，实现优质课程教学资源的开发和共享。

其次，改革教学模式。MOOCs网络在线教学模式下“混合式教学”模式、“翻转课堂”模式都可以尝试。我国高校传统的“大班授课”的教学方式效果不理想，学生缺乏思考和交流，课堂实践环节较少，这些都是弊端，必须改进。传统高校在授课中可以设置更多互动研讨的环节，借助多媒体技术来使知识得到更加生动形象的表述，提高课堂教学实效性，为高校教育教学改革提供新的思考。

三、MOOCs模式中慕课在大学英语教学中的应用

（一）慕课背景下转变大学生学习方式的途径

高校应充分利用慕课的优势，发挥各方面的积极作用，多渠道转变大学生单调的被动学习方式，形成自主、探究、合作等多样化的主动学习方式。

1．共享教学资源

大学生学习方式的转变需要各种教学资源的大力支持，只有合理搭建优质教学资源共享平台，多渠道、多模式共享优质教学资源，才能为大学生提供更多学习机会，更好地转变大学生学习方式。第一，全球共享教学资源。目前，越来越多的世界知名高校加入慕课平台，并在慕课平台上共享自己最优秀的课程，为广大学习者提供涵盖各种文化背景和不同语言的丰富课程资源。全世界的优秀教师和专家也从不同角度提供相应的学习素材和教学指导，使世界上任何人都可以免费学习自己感兴趣的课程，使优质教学资源全球共享和全民共享。第二，学校之间共享教学资源。要真正实现校际资源共享需要充分发挥名校、名课、名师的作用，开放教学资源，变一校大学生受益为多校大学生受益。重点高校在学科建设上具有自己的特色，可以利用重点高校的这一优势，发挥重点高校对普通高校的拉动和辐射作用，在慕课平台上共享各自的优质课程，充分利用资源优势，加强学校之间的优势互补；高校优秀教师应在慕课平台上共享自己的优质教学设计，加强教师之间的业务交流，取长补短，共同提高教育教学水平，促进专业发展。第三，校内共享教学资源。高校应创造各种条件在校内大力开放教学资源，更新、完善教学设施，开辟渠道公开优质课程，使全校大学生都有机会利用学校最优质的教学资源。

2. 引导学生转变学习观念

学生是学习的主体，大学生的学习观念直接影响学习方式转变的效果。因此，高校教师要引导大学生树立自主学习和终身学习的学习观念。首先，教师要指导大学生充分利用网络学习资源。教师可以向大学生重点推荐以慕课为主的网络学习平台，使大学生对学习媒介和学习环境持有认同感。大学生积极主动应用学习策略，充分利用学习资源，才能取得良好的学习效果。其次，教师要指导大学生明确学习动机。教师在教学过程中要激发学生的好奇心，使大学生主动进行探究学习。同时，教师应引导大学生形成较高的学业成就动机，慕课学习中大学生有更多提问和交流的机会，比传统学习面临更大的挑战，大学生只有具有较高的成就动机，付出更多努力，才能完成学习任务。最后，教师要引导大学生成为学习的主人。教师应为大学生提供有效支持，以提高大学生的自主学习和自我管理能力，使大学生真正成为学习的主人。

3. 创新教学方式

因为学生的学习方式与教师的教学方式和教学观念密切相关，所以在学生学习方式转变的过程中，教师起着举足轻重的作用。教师可以采取以下策略创新教学方式。首先，教师要转变教学观念。教师应树立科学的、与时俱进的现代教育教学观，充分认识到教学不仅要传授给大学生知识，而且要培养大学生发现问题、分析问题、解决问题的能力，使大学生形成正确的价值观，促进大学生全面发展。其次，教师要提升自己的教学能力。教师要提高教学认知能力、教学操作能力和教学监控能力。提高教学认知能力需要教师具有敏锐的观察力、丰富的想象力、良好的创造力；提高教学操作能力需要教师掌握确定教学目标、编制课程计划、分析教材、选择与运用教学策略、实施教学评价等能力；提高教学监控能力需要教师有意识地对教学活动进行监察、调节、校正、评价和反馈。再次，教师要选择适当的教学方法。教学方法多种多样，常用的教学方法主要包括以语言形式获得间接经验的教学方法、以直观形式获得直接经验的教学方法、以实践训练形式形成技能技巧的教学方法等。教学方法的运用要根据实际情况进行选择，并加以创造性地发挥。教师可以将大学生慕课的在线学习与学校的课堂教学有机结合，做到先学后教。最后，教师要丰富教学手段。教师应在充分利用教科书、粉笔、黑板、挂图等传统教学手段的基础上，灵活运用各种现代化的教学手段，特别是在慕课迅速发展的背景下，教师更应将投影仪、幻灯机、计算机等现代教育器材作为直观教具以丰富课堂教学，通过现代教学技术的应用使每个学生都能得到足够的指导。

4. 重建师生关系

师生关系对大学生学习方式具有重要影响。在传统的师生关系中，大学生处于被动地位，这压抑了大学生学习的积极性、主动性和创造性。在慕课背景下转变大学生的学习方式需要建立民主、平等的新型师生关系。首先，教师要转变角色定位。教师要由管理者转变为指导者，特别是在网络教育中，教师不是一个简单的知识传授者，而是一个联结已知世界与未知世界展开多样探究的“触媒者”，或是联结课堂内外世界的桥梁——“介入者”。教师作为一个“触媒者”或“介入者”，就要把学习的自主权交还给学生，培养学生学习的能力，淡化自己作为“判决者”的角色。其次，创设民主的学习氛围。在高校课堂教学和学习中需要形成互通、互促的和谐氛围，教师要热爱、关心、尊重和信任学生，充分发扬教学民主，以自己的学识、才能、人格魅力去感染、影响学生。学生要在学习的过程中理解和尊重教师，主动参与学习。最后，转变交往方式。师生间的交往方式应由单向式向交互式转变，教师和学生以各自的情感、经验、知识和能力投入教育和学习活动中，以民主、平等、合作的方式进行交往，师生相互影响和促进。只有在民主平等的师生关系中，学生的个性才能得到张扬，创造性才能得到发挥，学习方式才能得到优化和创新。

（二）慕课在改变大学生学习方式上的优势

慕课以其独有的特点和优势给大学生学习生活带来显著变化，这一系列变化深刻地影响着大学生的学习方式。

1. 学习时空界限被打破

传统学习在时间上是有限的，有固定的上课时间；传统学习在空间上是狭小的，局限在学校教室内。慕课打破了学习时空的界限，在全球任何一个角落，无论白天还是深夜，只要大学生拥有联网电脑并有学习意愿，就可以根据个人情况进行学习，而且这种学习还是移动的，可以走到哪学到哪，甚至可以反复学，一二十年后再学。慕课使大学生的学习内容由高校所规定的固定内容扩展到大学生感兴趣的内容，进一步拓展了大学生学习的时间和空间，有利于大学生主动学习，促进大学生全面发展。

2. 学习成为乐趣

传统课堂学习以教师讲授为主，所有学生面对的都是统一的学习内容和固定的学习进度，造成部分大学生对学习不感兴趣，不爱学习。慕课打破了传统课堂学习的局限性，通过动画、图形、影像、声音等多种信息载体呈现教学资源，为学生提供思考、探究、合作和交流的平台，大学生可以根据个人的兴趣、能力、需要选择学习内容，按照自己擅长的方式学习。慕课学习能充分调动大学生兴趣、挖掘大学生潜能、活跃大学生思维，使大学生的学习成为一种乐趣。只有学习成为乐趣，大学生才会以一种轻松、快乐、享受的心态主动投入学习中，掌握的知识才能牢固，学习能力才能不断提高。

3. 自主学习成为主流

自主性是影响大学生学习效果的重要因素。在传统的课堂中，教师是绝对的权威，大学生是被动的听课者和课程进度的跟随者。慕课学习中，大学生可以真正成为学习的主人，他们掌握着学习目标、学习内容、学习方法和学习材料的选择权和支配权。他们可以自主设计符合个人需要的学习目标，可以按照学习目标以及各自的情况自主设计、合理安排学习活动，可以自由决定学习的时间和内容，可以选择灵活、多样、合作的学习方式，可以在学习中对自己的学习结果进行反思和评估，可以根据反思和评估的结果不断调整、控制学习活动的进程。慕课学习不仅能提高大学生自我约束、时间管理、独立学习、合作学习等能力，而且能使大学生真正成为学习主体，变被动学习为主动学习，使自主学习成为学习主流。

4. 合作学习成为必然

在传统的课堂学习中，并不是所有大学生都能与教师进行充分的交流、与同学进行良好的合作学习。慕课为大学生合作学习提供了机会。在慕课平台上，大学生不仅能听到最优秀教师的讲课，而且可以邀请教师和学习伙伴对课堂上学习的知识进行讨论。另外，大学生可以在平台上直接提出自己在学习中遇到的困难，寻求他人的帮助。这种完全平等的网上合作学习与交流，增强了师生互动、生生互动，真正体现了以“学生为中心”的学习理念，使合作学习成为必然趋势。

5. 学生参与学习成为可能

以往的视频公开课等在线开放课程一节课在四五十分钟，整堂课没有任何师生之间的互动交流，学生只能被动地听课，而慕课平台上都是10分钟左右的微课程，甚至有些微课程时间更短，这样能使大学生注意力高度集中。慕课在课程之间设置了进阶作业或小测验，大学生只有全部通过进阶测试才能继续学习。如果没有通过进阶小测试就要重新学习前面的内容，直到全部通过为止。慕课学习需要大学生全程参与，直接与教师和学习伙伴进行讨论和交流，能充分调动大学生学习的积极性和主动性。

第三节　信息化英语教学平台的建设

一、信息化大学英语教学平台

信息化是以现代通信，网络，数据库技术为基础，对所研究对象各要素汇总至数据库，与特定人群生活、工作、学习辅助决策等和人类息息相关的各种行为相结合的一种技术，使用该技术后可以极大地提高各种行为的效率，为推动人类社会进步提供极大的技术支持。教学平台是指为开展教学实践使用的一系列软硬件设施的统称。其中包括提供开展教学实践的场所，传统的有教室、操场，新型的有网络、电视等；还包括设立的课程、教材资源、教学设备等。因此，信息化大学英语教学平台就是以现代通信、网络、数据库技术为基础进行大学英语教学实践的场所，这里具体对 E-Learning 教学平台与虚拟教室进行论述。

二、E-Learning 教学平台

（一）E-Learning 教学平台的概念及体系结构

1.E-Learning 教学平台的概念

E-Learning 教学平台是基于互联网实现网络教学的必要条件。它是建立在网络基础设施之上的、用计算机网络编程实现的学习环境。它的后台是系统程序和被程序组织起来的数据库，它的前台是网页界面。从技术角度上讲，E-Learning 教学平台是一个基于数据库的信息管理、发布系统，并以提供教学服务为目的；其用户通常分为讲授者、学习者和管理员；其学习管理系统主要是存放的以课程为单位的课件、试题库以及教学多媒体资源。E-Learning 教学平台正是把文字、图形、影像、声音及其他多媒体教学软件的先进技术有机地融合在一起，利用网络讲座、电子邮件（E-mail），BBS 等信息技术进行教学，使得知识信息的传递方式和空间都有了极大的拓展。

2.E-Learning 教学平台的体系结构

E-Learning 教学平台的系统架构一般包括学习管理系统、虚拟教室工具、套装式在线教材、定制化在线教材、在线测验等模块。它包括五个部分：网上课程开发系统，网上教学支持系统，网上教学分析系统、网络教学资源管理系统和相

关应用系统互操作接口。前四个部分分别完成网络课程开发、网络教学实施、网络教学分析、网络教育资源的管理和维护的功能，而第五个部分则用来解决网络教育开展过程中涉及的网络教育系统与其他相关应用系统的操作问题。

（二）E-Learning 教学平台的特点

1. 知识的可重复性

由于 E-Learning 教学是网络化的在线学习，不受时间、场地限制，因此学习者可以在自己任何有学习需要的时候调用学习资源进行预习和复习，充分巩固学习效果，避免了课堂学习容易遗忘的问题。

2. 知识的网络化

学习的知识不再是一本书，也不再是几本参考书，而是有关的专业知识和数据库。在数据库的支持下，知识体系被重新划分，学习内容被重新组合，学习与研究方法也发生新的变化。

3. 学习的自由性

学习的终端是学员的计算机，学生学习不一定非要循规蹈矩地按照一定的顺序，他们可以按照自己设定的学习进程进行随时随地的学习，并且无论在学习过程中遇到什么问题，凭借网络提供的丰富的数据库或者与教员或其他学员的非实时交流，都可以获得相应的帮助。

4. 学习的可跟踪性

学生的所有学习活动都被记录下来，作为评估学习效果和分析学习需求的依据。

5. 学习内容保持及时、持续的更新

所有的知识内容（包括学习教材在内的各种学习资源）可以在第一时间保持更新，保证了知识的一致性。

（三）E-Learning 教学平台的应用

随着网络教育技术和网络教育技术标准的发展，符合网络教育技术标准的 E-Learning 教学平台也日益丰富。如网络教学平台（WebCT)、网络教学平台(Moodle)、天空教室、网络课程收件箱（Web Course-in-a-Box）等。

1. WebCT

WebCT，即 Web Course Tools，由加拿大英属哥伦比亚大学的教授编写，是一套以网页为本的电子教学平台。从我国校园网和因特网（Internet）使用的普遍性来看，外语教学可以以 WebCT 为工具，运用 ASP.NET、PHP、ASP、VRMI. 等语言格式创建课程主页，可依托校园网站服务器建立单独的站点目录，配置信息发布系统建立站点发布给学生，让他们上网学习。外语课程主页设有课程说明、教学大纲、教学进度表、主题学习任务、讨论、作业、成绩、评语、校历等栏目。“各栏目设置各自的内容。运用 WebCT 营造课程网上学习环境，可推动学习过程中学生与网络、学生与学生、学生与教师的全面互动与合作，为学生的语言使用及问题探讨开辟交流、合作以及自主学习的平台。WebCT 成为学生课内外合作与自主学习的重要工具与导向。”[①]

WebCT 可以用来存放网络外语教学课件和教学资源，还能为学生和教师提供交互工具。WebCT 提供了一个设计环境来描绘“桌面模式”，在这个通常受限的网络界面，工具是可利用和统一的。这个教学平台具有丰富的素材组织和管理功能、方便快捷的交互功能、完善的作业提交功能和测试评估工具及教学追踪、控制等功能。WebCT 数据库还能体现教师的答疑情况、学生的学习情况、疑难问题等的详细记录。

2. Moodle

Moodle 是目前比较流行的网络教学平台系统之一。Moodle 即模块化面向对象的动态学习环境的缩写，是一个用于制作网络课程或网站的软件包。Moodle 是澳大利亚教师马丁·多格玛斯（Martin Dougiamas）基于建构主义教育理论而开发的网络课程管理系统，是一个免费的开放源代码的软件，目前在各国已广泛应用。所谓网络课程管理系统是指为基于网络的课程的教与学提供全面支持的软件系统，这类软件系统也称学习管理系统或虚拟学习环境。Moodle 平台依据建构主义的教学思想，即教育者（教师）和学习者（学生）都是平等的主体，在教学活动中，他们相互协作，并根据自己已有的经验共同建构知识。

作为创设虚拟学习环境的软件包，Moodle 具有如下特点。

①总体设计。Moodle 比较容易安装，可以支持大量的多种类别课程，特别重视整个系统的安全性。所有的界面设计风格一致、简单、高效，而且不需要特殊的浏览技能。

②网站管理。网站是由在安装时定义的管理者进行管理的。管理者进入“主题”可以设定适合自己的网站颜色、字体大小、版面等。在网站中还有活动模块和 40 多种语言包用以满足不同国家的学习者的需求。

① 朱晓申．英语合作学习策略与网络自主学习方法交互的探索[J]. 教学与管理，2007（36）：124—126.

③用户管理。每一位用户都可以选择一种语言应用于 Moodle 的用户界面；可以指定自己的时区和相关的数据；鼓励学生建立一个在线档案，包括相片、个人描述、E-mail 地址，而且这些信息可以依据用户要求不呈现。

如果学习者有一段时间不参加活动，其注册将自动退出。为了安全起见，教师可以设定课程的登录密码。课程的开设账户仅仅对设计这些课程和教授课程的人公开。学生可以创建他们自己的登录账号，而其电子邮件地址需要验证以确保安全。

三、基于虚拟仿真技术的虚拟教室

（一）虚拟仿真技术概述

虚拟仿真技术是 20 世纪末兴起的一门崭新的综合性信息技术，是发展到一定水平上的计算机技术与思维科学相结合的产物。它采用以计算机技术为核心的现代高科技生成逼真的视、听、触等一体化的虚拟环境，用户借助必要的设备以自然的方式与虚拟世界中的物体进行交互，是一种人与虚拟环境进行自然交互的人机界面。它由计算机硬件、计算机软件以及传感设备等组成，这种技术的特点在于计算机产生一种人为虚拟的环境，人可以直接观察、操作、触摸、检测周围环境，并能与之发生交互作用，给人一种身临其境的感觉。

（二）虚拟教室的定义与构成

虚拟教室是运用计算机技术、多媒体技术、数字压缩技术、网络通信技术等信息技术，将多学科融合交叉而形成的。它是在计算机网络的基础上利用多媒体技术构建成的教与学的环境，可使身处异地的教师和学生相互听得到，看得见。它是以建构主义理论为基础，利用计算机多媒体技术、网络技术、现代通信技术等构建的数字化网络教育支撑平台。它为教师和学生提供了一个类似传统的教室，同时又不受时间、地点限制的网络教学环境。

虚拟教室不同于传统教育中的教室概念，它不仅具备类似于上述传统教育的环境，而且是一种使学生身处学习对象之中的逼真环境。举例来说，学习飞行器驾驶技术，那么虚拟课堂就是飞行器飞行的模拟环境；学习解剖学时，虚拟课堂可以是在虚拟医院。虚拟课堂甚至可以使学习者身临超越现实时空的学习环境，如探索星系时的虚拟课堂是虚拟太空，研究分子原子结构时的虚拟课堂是在虚拟微观世界之中。

虚拟教室系统根据其功能可分为三个组成部分：使用者邮件、控制中心以及教学资源库。各组成部分之间的关系如图 5-3-1 所示，它们构建了三层架构的功能模型。

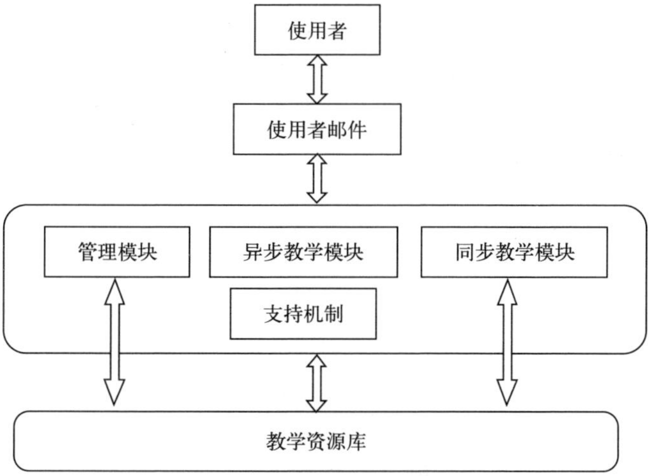

图 5-3-1　虚拟教室的功能结构

（三）虚拟教室在大学英语教学中的应用

1. 将虚拟教室运用于大学英语课堂教学

根据教育改革的方针，当代大学主张“以学生为主，教师为辅”的教学模式。很多科技进入大学英语课堂，如多媒体的运用。现如今，教师可以利用虚拟教室，将学生带入模拟的英语学习环境中，在英语教授课堂上，教师可以利用虚拟现实技术让学生和自己喜欢的外国伟人、明星等进行面对面的交流和探讨，让学生身临其境地感受英语的魅力。例如，教师在讲授美国人物文章时可以把该人物的经历编入虚拟环境中，让学生“亲身”感受该人物的特点，从而掌握更多的英语知识。再如，当教师讲到篮球时：Basketball originated in Massachusetts，USA. It was created by James Naismith in December 21，1891.It is the core event of the Olympic Games.It is a body centered and antagonistic sport.（篮球，起源于美国马萨诸塞州，是 1891 年 12 月 21 日由詹姆士·奈史密斯创造，是奥运会核心比赛项目，是以身体为中心的身体对抗性体育运动。）教师可以用虚拟现实技术把学生带到篮球场，让学生身临其境地感受此项运动的魅力。

2. 将虚拟教室应用于大学英语实践教学

在大学英语教学中，仍然有些大学受到传统教学模式的影响，对英语教学实行填鸭式的教学，对学生进行一味地灌输，而忽略了学生对所学知识的掌握情况和实际运用能力。有的大学虽然引进了多媒体的教学方法，但是仍然是在室内课堂进行授课，外出实践的机会较少。可是虚拟教室在大学英语教学中的应用可以大大提高学生的户外实践能力。教师可以虚拟社会环境，如外资企业的应聘现场、企业工作环境、国外商场对话等，这些练习都大大提高了学生毕业后在职场或生活中的实践能力，让学生身临其境地感受到社会对英语人才的需求，体会英语在社会中的实际运用。

参考文献

[1] 施莹莹，王红娟，李保丽．英语教育教学理论与实践 [M]. 长春：吉林人民出版社，2021.

[2] 陆巧华．英语教育与教学初探 [M]. 北京：北京工业大学出版社，2020.

[3] 罗敏江．基础英语教育实践与创新 [M]. 北京：北京理工大学出版社，2020.

[4] 赵利燕．英语教育的教学方法研究与应用 [M]. 长春：吉林人民出版社，2021.

[5] 丁煜．大学英语教学多维探究 [M]. 武汉：华中科技大学出版社，2021.

[6] 邵葵．英语教学思维进阶研究 [M]. 郑州：黄河水利出版社，2022.

[7] 程丽娟，姚晓盈，王慧．英语教学与模式创新 [M]. 哈尔滨：哈尔滨出版社，2020.

[8] 周保群．大学英语教学模式与课程建设研究 [M]. 重庆：重庆大学出版社，2020.

[9] 陈细竹，苏远芸．大学英语教学模式的革新与发展研究 [M]. 长春：吉林人民出版社，2021.

[10] 张景．英语教学方法新探索 [M]. 长春：吉林出版集团股份有限公司，2021.

[11] 张蔚磊，邹斌．我国英语教育政策实施中的关键问题 [J]. 当代外语研究，2023（3）：122–130.

[12] 陈懿．以信息化产出为导向的大学英语教学模式研究 [J]. 广东农工商职业技术学院学报，2023，39（2）：61–65.

[13] 王园．基于项目式教学的大学英语教学模式重构探究 [J]. 西部素质教育，2023，9（10）：161–164.

[14] 柳福玲．新媒体视域下高校英语教学创新改革分析 [J]. 海外英语，2023（8）：105–107.

[15] 舒展．大数据背景下民办高校英语教学模式创新刍议 [J]. 信息系统工程，2023（4）：155–157.

[16] 陈薇薇．新媒体应用于英语教育模式创新的策略探析 [J]. 新闻研究导刊，

2023，14（7）：197–200.
[17] 张静．信息化背景下线上线下混合式英语教学模式研究 [J]. 哈尔滨职业技术学院学报，2023（2）：162–164.
[18] 林瑾瑶．移动媒体视野下英语教育的线下互动研究 [J]. 江西电力职业技术学院学报，2023，36（2）：125–127.
[19] 崔艳杰．“双创”背景下的高校英语教学模式创新研究 [J]. 食品研究与开发，2022，43（24）：239–240.
[20] 李琰艳．互联网背景下高校英语教学改革创新研究 [J]. 湖北开放职业学院学报，2022，35（22）：183–185.
[21] 邓晓媛．高校外语教学大赛中综合英语课堂的多模态话语分析 [D]. 太原：中北大学，2022.
[22] 刘晶．高校英语教师专业身份发展叙事探究 [D]. 上海：上海外国语大学，2020.
[23] 宋红波．高校英语课堂中的对话教学研究 [D]. 武汉：华中师范大学，2019.
[24] 张建佳．大学英语教学融合性价值取向及其实现研究 [D]. 重庆：西南大学，2019.
[25] 王静．我国高校外语教育信息化政策发展研究 [D]. 上海：上海外国语大学，2018.
[26] 马琴．大学英语个性化教学研究 [D]. 重庆：西南大学，2018.
[27] 杨芸．高校公共英语课堂教学有效性提升研究 [D]. 西安：西北大学，2018.
[28] 高文龙．河北省高校英语教师信息化教学能力研究 [D]. 保定：河北大学，2017.
[29] 梁丽．多模态话语分析视角下的大学英语教学模式研究 [D]. 沈阳：沈阳师范大学，2016.
[30] 任志兵．大学英语课堂教学方法研究：以西北师范大学为例 [D]. 西安：西北师范大学，2012.